Iniciação na fé

Dados Internacionais de Catalogação na Publicação (CIP)
(Câmara Brasileira do Livro, SP, Brasil)

Haenraets, Paulo
 Iniciação na fé : um caminho de animação bíblica e evangelização de adultos / Paulo Haenraets. – Petrópolis, RJ : Vozes, 2012.

 Bibliografia.

 6ª reimpressão, 2025.

 ISBN 978-85-326-4395-7

 1. Adultos – Evangelização 2. Educação religiosa de adultos 3. Ensino religioso 4. Evangelismo – Ensino bíblico 5. Fé 6. Palavra de Deus I. Título.

12-06384 CDD-268.432

Índices para catálogo sistemático:

1. Ensino – Evangelização de crianças : Educação religiosa : Cristianismo 268.432

Pe. Paulo Haenraets

INICIAÇÃO na fé

Um caminho de
animação bíblica e
evangelização
de adultos

© 2012, Editora Vozes Ltda.
Rua Frei Luís, 100
25689-900 Petrópolis, RJ
www.vozes.com.br
Brasil

Todos os direitos reservados. Nenhuma parte desta obra poderá ser reproduzida ou transmitida por qualquer forma e/ou quaisquer meios (eletrônico ou mecânico, incluindo fotocópia e gravação) ou arquivada em qualquer sistema ou banco de dados sem permissão escrita da editora.

CONSELHO EDITORIAL

Diretor
Volney J. Berkenbrock

Editores
Aline dos Santos Carneiro
Edrian Josué Pasini
Marilac Loraine Oleniki
Welder Lancieri Marchini

Conselheiros
Elói Dionísio Piva
Francisco Morás
Gilberto Gonçalves Garcia
Ludovico Garmus
Teobaldo Heidemann

Secretário executivo
Leonardo A.R.T. dos Santos

PRODUÇÃO EDITORIAL

Aline L.R. de Barros
Jailson Scota
Marcelo Telles
Mirela de Oliveira
Natália França
Otaviano M. Cunha
Priscilla A.F. Alves
Rafael de Oliveira
Samuel Rezende
Vanessa Luz
Verônica M. Guedes

Editoração: Fernando Sergio Olivetti da Rocha
Projeto gráfico: AG.SR. Desenv. Gráfico
Projeto gráfico da capa: Marta Braiman
Arte-finalização: Célia Regina de Almeida
Imagem de capa: Cristo Pantocrator, por Gustavo Montebello.Igreja São Judas Tadeu. Piracicaba, SP

ISBN 978-85-326-4395-7

Este livro foi composto e impresso pela Editora Vozes Ltda.

Sumário

Introdução, 7

Encontro de introdução: Vocação e educação, 11

1. História da salvação, 17

1.1 A Bíblia: Palavra de Deus, 19

1.2 A criação, obra de Deus, 23

1.3 O pecado, uma realidade no mundo, 28

1.4 Abraão, o pai da nossa fé – 1ª parte, 33

1.5 Abraão, o pai da nossa fé – 2ª parte, 37

1.6 Patriarcas, homens guiados por Deus, 41

1.7 Moisés, chamado por Deus, 45

1.8 Deserto, lugar de formação do povo de Deus, 50

1.9 Aliança, sinal do amor de Deus, 55

1.10 Algumas pessoas importantes: juízes, reis e profetas, 61

1.11 O Messias, a esperança do povo, 65

1.12 Maria e o nascimento de Jesus, 69

1.13 O Sermão da Montanha, ideal do homem novo, 74

1.14 As parábolas do Reino, 79

1.15 Milagres, sinais de salvação, 84

1.16 Oração, água viva para o ser humano, 88

1.17 Paixão e morte de Jesus, 94

1.18 Ressurreição e ascensão de Jesus, 98

1.19 Espírito Santo, dom de Deus, 103

1.20 A Igreja, continuação da obra de Jesus Cristo, 107

1.21 A vida eterna, a vida em Deus, 112

2. Os sacramentos da Igreja, 117

2.1 Sacramentos, sinais de Jesus Cristo no caminho, 119

2.2 Batismo, um novo nascimento, 123

2.3 Confirmação, a força do Espírito Santo, 129

2.4 Eucaristia, a Páscoa de Jesus, 133
2.5 Eucaristia, celebração da Páscoa hoje, 141
2.6 Matrimônio, sacramento da aliança, 146
2.7 Ordem, sinal do Bom Pastor, 152
2.8 Unção dos Enfermos, sacramento de salvação, 156
2.9 Penitência, a conversão contínua, 159

3. Celebrações, 167

3.1 Celebração da entrega da Palavra de Deus, 171
3.2 Celebração da inscrição do nome no livro da vida, 175
3.3 Celebração do diálogo sobre a fé e a vida eterna, 179
3.4 Celebração da cruz, 184
3.5 Celebração da luz, 190

Conclusão, 195
Referências, 197

Introdução

Este livro é uma resposta ao convite da CNBB em relação às cinco urgências apontadas nas últimas diretrizes: "Igreja em estado permanente de missão; Igreja: casa da iniciação cristã; Igreja: lugar de animação bíblica da vida e da pastoral; Igreja: comunidade de comunidades; Igreja a serviço da vida plena para todos"[1].

O livro fornece subsídios para as comunidades porque, primeiro: "É necessário desenvolver em nossas comunidades um processo de iniciação na vida cristã que conduza ao 'encontro pessoal com Jesus Cristo' [...]"[2]. Segundo: "As equipes de animação bíblica da pastoral precisam proporcionar retiros, cursos, encontros, subsídios para a leitura individual, familiar e em pequenos grupos da Palavra de Deus. A existência de um serviço especializado para a iluminação ou a animação bíblica de toda a pastoral não exime, mas, pelo contrário, impulsiona a responsabilidade de todos os batizados. Dentre as diferentes formas de animação bíblica da pastoral, sobressaem em particular aquelas que reúnem grupos de famílias, círculos bíblicos e pequenas comunidades em torno da meditação e vivência da Palavra"[3].

À luz da orientação da Igreja, este livro pretende contribuir com a recuperação da estrutura catecumenal da iniciação cristã. É importante sublinhar o caráter querigmático dos encontros[4]. As pistas concretas convidam e facilitam a partilha da Palavra de Deus e contribuem para que os leitores façam uma profunda experiência de Deus na vida.

A partilha é a parte principal do trabalho de evangelização. Partilhar é permitir que a Palavra entre em mim e ilumine minha história. "Deus escuta o homem e responde às suas perguntas". "A pastoral da Igreja deve ilustrar cla-

---

1. CNBB. *Diretrizes gerais da ação evangelizadora da Igreja no Brasil 2011-2015*. São Paulo: Paulinas, 2011, p. 12 [Doc. n. 94].

2. Ibid., p. 69.

3. Ibid., n. 94-95.

4. Cf. CNBB. *O itinerário da fé na "iniciação cristã de adultos"*. São Paulo: Paulus, 2001 [Estudos da CNBB, n. 82]. • CNBB. *Com adultos, catequese adulta*. Op. cit.

ramente como Deus ouve a necessidade do homem e o seu apelo", diz o Papa Bento XVI[5]. Somos chamados a entrar num diálogo com Deus.

Nota-se uma mudança na compreensão e na consideração da Palavra de Deus nos últimos tempos. Deus fala antes de tudo nos acontecimentos. Ele se manifesta e fala na história. Na formação dos cristãos, portanto, a experiência humana é cada vez mais assumida, como lugar onde Deus se deixa encontrar e onde Ele fala. A Palavra se torna verdadeiro anúncio, porque assume e ilumina toda a vida humana. Evangelização ou catequese entendida como momento onde Deus fala e o homem escuta está deixando o lugar para uma catequese mais antropológica, onde o homem questiona e Deus responde e ilumina a sua existência. A experiência humana não é um serviço para ilustrar a Palavra, mas, ao contrário, dá a toda nossa vida o significado que tem na fé.

Não podemos esquecer e sublinhar sempre de novo: evangelização é criar condições para um encontro pessoal com Cristo. É o momento pessoal da graça de Deus. É neste momento que se realiza o processo de evangelização, ou a transmissão do primeiro anúncio, como iluminação da vida. Isso aconte-ce principalmente na partilha da Palavra de Deus.

O livro tem três partes. Na primeira parte, seguimos a história da salvação contando para os nossos dias o "Credo", ou aquilo que acreditamos. No Antigo Testamento o Credo é uma história: "Meu pai era um arameu errante [...]" (Dt 26,5-10). Na segunda parte falamos daquilo que celebramos, os sacramentos. Na terceira parte colocamos algumas celebrações que podemos realizar durante o roteiro da história da salvação. Elas são baseadas no rito do batismo de adultos. Conforme o amadurecimento e o caminho do grupo pode se realizar uma celebração. Procuramos mostrar e celebrar a gestação e o nascimento do homem novo, anunciando, catequizando e celebrando. A experiência mostra que a partir das celebrações muitos começam a entender o que é liturgia. Elas fazem do roteiro da história da salvação um catecumena-to batismal, que tem como finalidade formar uma Igreja viva e consciente, contribuindo assim também na realização da preocupação da CNBB nas últi-mas diretrizes, formando uma "Igreja: casa da iniciação cristã", e "Igreja, co-munidade de comunidades".

A metodologia do trabalho é simples. Cada encontro começa com a invo-cação do Espírito Santo. Em seguida o coordenador apresenta o tema do dia e depois ele mesmo pode ler os textos bíblicos indicados ou distribuí-los entre os participantes, pedindo bastante atenção para, em seguida, fazer a parti-lha. Grupos acostumados com a Palavra da Bíblia não vão encontrar proble-mas com uma partilha espontânea. Iniciantes, porém, precisam de uma aju-

---

5. Cf. BENTO XVI. *Exortação apostólica pós-sinodal* Verbum Domini. São Paulo: Paulinas, n. 23, p. 48 [Doc. n. 194].

da, e aqui as sugestões de partilha são de grande utilidade. O coordenador presta atenção para que todos os membros do grupo partilhem realmente e não se desviem do assunto, contando outras histórias. Olhando para o final do encontro o coordenador precisa ficar atento, porque talvez alguns assuntos importantes não entraram na partilha. Aqui a parte da atualização pode completar o que falta na partilha ou troca de experiências de vida. A concepção de um catecumenato, ou escola de fé, é importante porque incentiva os participantes a começar a rezar a partir de um texto bíblico. Por isso aconselhamos e insistimos em encerrar o encontro com um convite a fazer uma oração.

Alguns temas do roteiro da história da salvação são mais importantes que outros e exigem uma atenção maior. Por isso, conforme a necessidade e a situação de cada grupo, sugerimos dividir o encontro em duas partes, sempre que o coordenador considerar necessário.

Este livro é o resultado do trabalho de muitas reflexões de uma equipe que se propôs a anunciar, catequizar e celebrar com os interlocutores da ação evangelizadora. De uma maneira especial agradeço a Dirleni de F.S. Scaraficci e Tereza Amaro, que colaboraram com este trabalho com a sua experiência de muitos anos na evangelização com adultos.

Pe. Paulo Haenraets
Festa da apresentação do Senhor,
2 de fevereiro de 2012

Encontro de introdução
Vocação e educação

Apresentação

Iniciamos este livro com um encontro de introdução que seja um convite para refletir sobre aquilo que queremos conseguir, que seja um guia no caminho da vocação e formação cristã. Começamos com a história de Eli e Samuel que precisava de uma orientação vocacional, uma coisa muito esquecida naquela época, como a própria palavra mostra com certa insistência (1Sm 3,1-18). Eli demorou em entender que era o próprio Deus que chamava Samuel. Pois ele nem orientava seus próprios filhos. Samuel então recebe uma missão pouco agradável. Ele deve avisar Eli de que ele vai pagar caro a sua omissão na educação dos seus filhos. "Tu lhe anunciarás que eu condeno a sua casa para sempre, porque ele sabia que os seus filhos ofendiam a Deus e não os repreendeu. É por isso – eu o juro à casa de Eli – que nem sacrifício nem oferenda jamais expiarão a iniquidade da casa de Eli" (1Sm 3,13-14).

Educar os filhos é um trabalho de todos os dias, e o dia todo. É algo muito valorizado na Bíblia: "Tu as inculcarás aos teus filhos, e delas falarás sentado em tua casa e andando em teu caminho, deitado e de pé" (Dt 6,7).

Este encontro tem como objetivo levar as pessoas a descobrir quem é o seu Deus na prática da vida. Revelamos a presença e o lugar de Deus muito mais por nossa prática e testemunho do que pelas nossas palavras.

Proclamação da Palavra de Deus

Dt 6,4-13.20-25; 1Sm 3,1-18; Hb 5,7-10; 12,4-13

Sugestões de partilha

Dt 6,4: "Ouve, ó Israel: Iahweh nosso Deus é o único Iahweh!"

Deus é o único que nos dá segurança, que nos dá vida.

- Deus está realmente em primeiro lugar em minha vida ou qual é o nome do meu Deus? O limite do meu cartão de crédito, o emprego ou cargo do meu marido ou esposa?
- Em que fonte sacio a minha sede? Na fonte de água viva que é Jesus Cristo ou nas fontes poluídas que encontro em qualquer lugar, que me levam ao consumismo, nervosismo, individualismo, comodismo e tantas formas de escravidão?

Dt 6,5: "Portanto, amarás a Iahweh teu Deus com todo o teu coração, com toda a tua alma e com toda a tua força".

Quando amo a Deus com toda a minha força, não sobra tempo para me irritar e reclamar de qualquer coisa.

- Como estou usando toda a minha força, minha inteligência, meu trabalho, minha família, tempo livre, dinheiro, para amar a Deus? De que maneira?

Dt 6,6-7: "Que estas palavras que hoje te ordeno estejam em teu coração! Tu as inculcarás aos teus filhos, e delas falarás sentado em tua casa e andando em teu caminho, deitado e de pé".

Deus nos ordena falar dele com nossos filhos e a maneira mais simples de falarmos é com nossa vida, ajudando-os a enxergar Deus presente nos acontecimentos e assim passar valores cristãos para a próxima geração.

- Lembro-me de fazer a oração da manhã e da noite, antes das refeições e, também, de pedir "Bênção, pai! Bênção, mãe!"...?
- Minha família me vê como uma pessoa de oração, como uma pessoa perseverante que não desiste diante das dificuldades?
- Há interesses que me distanciam de Deus?
- Quais são os valores que na prática da vida me aproximam de Deus?

Dt 6,12-13: "Ficai atento a ti mesmo! Não te esqueças de Iahweh, que te fez sair da terra do Egito, da casa da escravidão! É a Iahweh teu Deus que temerás [...]".

Temer a Deus é reconhecê-lo como Senhor, Aquele que realiza maravilhas quando o coloco em primeiro lugar em minha vida.

- Coloco Deus à frente dos meus afazeres, dos meus divertimentos...?
- Ou me deixo abater pelo desânimo, dificuldades, comodismo, deixando de acreditar no Deus único, que me levanta e coloca de pé?

1Sm 3,1-3: "A palavra de Iahweh era rara naqueles dias, e não havia visão que se manifestasse: [...] a lâmpada de Deus não se tinha ainda apagado e Samuel estava deitado no santuário de Iahweh [...]".

- A leitura da Palavra de Deus é uma raridade para mim? Já percebi em minha vida a manifestação de Deus? Quando percebi a mão de Deus em minha vida a última vez?
- A lâmpada de Deus já apagou no templo que é meu corpo? Por acaso estou dormindo no santuário do Senhor e vivo somente uma religião de tradição?

1Sm 3,10: "Veio Iahweh e ficou presente. Chamou, como das outras vezes: Samuel! Samuel!", e Samuel respondeu: "Fala, que teu servo ouve!"

Ouvir Deus é se comprometer com a verdade. É viver sua Palavra.

- O que me impede de ouvir o chamado de Deus? Tenho medo diante da missão que Deus me confia?
- Em que situação Deus precisou me chamar diversas vezes para que eu pudesse ouvi-lo? Quem me ajudou a reconhecer a voz de Deus?

1Sm 3,13: "Tu lhe anunciarás que eu condeno a sua casa para sempre, porque ele sabia que os seus filhos ofendiam a Deus e não os repreendeu".

Muitos pais querem ser somente amigos dos filhos. O verdadeiro pai corrige o filho sem medo de perder a afetividade. A falta de firmeza dos pais impede que os filhos se tornem grandes homens e mulheres.

- Quem olhar para o(s) meu(s) filho(s) poderá reconhecer nele(s) uma boa educação e os sinais da presença de Deus?
- Hoje, olhando para minha vida, sou mais pai/mãe ou amigo(a) do meu filho?
- Como está minha responsabilidade de pai/mãe? Observo as atitudes do meu filho? Tenho ensinado a se comportar como cristão? Exijo dele que me respeite e respeite os outros? Sou firme quando digo sim ou não a ele?
- Ensino a se comportar na mesa das refeições, arrumar a cama, guardar as coisas no lugar certo, a respeitar o(a)s catequistas, professores(as) mais velhos, ajudar os colegas?
- Ensino ele a ser justo, a não se apropriar daquilo que não é seu. Ensino a respeitar a propriedade dos outros?
- Em relação a mim como filho(a), como responderia estas questões sem julgar as atitudes de meus pais?

1Sm 3,17-18: "Ele perguntou: Qual foi a palavra que ele te disse? Não me ocultes nada! [...] Ele é Iahweh! Faça Ele o que lhe parecer bom!"

Desejar ouvir Deus é aceitar a sua vontade em minha vida.

- Tenho coisas que eu quero esconder de Deus?
- Desejo realmente ouvir e acolher o que Deus tem a me dizer?
- Reconheço que Deus vem me educar e me corrigir, dando-me a oportunidade de resgatar valores familiares?

Atualização

É fundamental que os pais andem na frente dos seus filhos num caminho de fé mais adulta. Para isso Deus indica um caminho: "Ouve, ó Israel: Iahweh nosso Deus é o único Iahweh! Portanto, amarás a Iahweh teu Deus com todo o teu coração, com toda a tua alma e com toda a tua força. Que estas palavras que hoje te ordeno estejam em teu coração! Tu as inculcarás aos teus filhos, e delas falarás sentado em tua casa e andando em teu caminho, deitado e de pé" (Dt 6,4-7).

Essas são palavras fundamentais. Pois a importância de Deus se ensina com a vida, não com palavras, e os filhos não se deixam enganar, mesmo quando durante algum tempo fazem o que os pais ensinam com palavras, mas não mostram com a vida. Todos querem que o seu filho seja um bom cristão, mas muitos fazem tão pouco para adorar o único Deus verdadeiro. Se como pais não colocam, de dia e de noite, com a sua vida e suas palavras, o que pensam da vida, perdem a luta, porque têm outros que, de dia e de noite, ficam incutindo valores e contravalores nos ouvidos dos seus filhos. Frente a isso é importante também identificar que muitos pais procuraram atender a Deus, mas não foram ouvidos por seus filhos porque outros interesses impediram a escuta sensível aos seus apelos. Logo, é primordial avaliar em nossas vidas se, como filhos, usamos devidamente a liberdade, sem perder os referenciais de educação e valores cristãos.

Ainda, é importante considerar que, "Sob o ponto de vista evangélico, pode haver filhos mais maduros que seus pais ou avós, que ainda não encontraram o tesouro ou não se dispuseram a adquiri-lo. A iniciação cristã visa ajudar as pessoas não apenas a encontrarem o tesouro escondido, mas chegarem à decisão, suficientemente madura, de trocar tudo o mais pelo campo onde está o tesouro" (Mt 13,44-45)[6].

---

6. BUSCH, J.M. *Iniciação cristã de adultos hoje.* São Paulo: Paulinas, 1992.

No caminho do crescimento humano, embora os pais necessariamente precisariam ser os primeiros responsáveis para que a criança que Deus os deu se torne realmente um homem ou uma mulher como Deus quer: uma pessoa adulta, equilibrada e firme, capaz de enfrentar a vida com inteligência e amor, nem sempre estes estão devidamente preparados para assumir este papel. Isto ocorre por diversos motivos, como falta dessa experiência em sua vida familiar, imaturidade, entre outros. Contudo, observa-se que em certas famílias há filhos que, mesmo diante de pais que não sabem conduzir a sua educação de acordo com o modo desejado, são capazes de administrar essa fragilidade e seguir em frente acolhendo com respeito o que os pais são efetivamente capazes de oferecer.

Nestas situações em geral invertem-se os papéis. Ao invés dos pais serem os que ensinam aos filhos o caminho para Deus, são os filhos que se tornam referência para os pais encontrarem o caminho para Deus. Esse caminho tem estreita ligação com tudo o que faz parte do cotidiano, estabelecendo a interação "fé-vida".

Oração

Deus, Pai de bondade, que me chamastes a uma vida conforme a vossa vontade, iluminai também o meu coração, para que possa encontrar e assumir cada vez mais o lugar e a missão que o Senhor me quer confiar.

1. História da Salvação

1.1

A BÍBLIA: PALAVRA DE DEUS

Apresentação

A Bíblia é a Palavra de Deus vivida, a experiência de Deus na história. Ela é escrita por inspiração divina, é o livro que fala do sentido da vida. É como um baú, que guarda um conjunto de histórias de muitas épocas, onde o povo vê a ação de Deus. É como uma foto de família muito antiga, que tem um valor especial para aquela família, mas não para outras pessoas. São livros escritos em diversas épocas, com diversas tradições, em diversas circunstâncias, em diversos estilos literários.

A Bíblia foi escrita para manter o povo unido na caminhada para Deus. Três momentos animam o povo neste caminho: contar o passado, mostrar o presente e anunciar o futuro.

Estes três momentos indicam que a fonte da nossa fé é a Palavra viva de Deus. No entanto, existe uma diferença entre a Bíblia e a Palavra de Deus. As Escrituras estão em nossas mãos. A Palavra de Deus é mais que isso. A Palavra escrita veio depois de uma experiência vivida. É necessária uma comunidade viva para entender a Palavra.

É importante escutar a Palavra de Deus e experimentar, de maneira profunda, o poder que esta Palavra tem de entrar em minha vida e iluminar a minha história.

Proclamação da Palavra de Deus

Dt 5,1-5; Hb 1,1-4; Is 55,1-11; Lc 8,4-15; 2Tm 3,14-17

Sugestões de partilha

Dt 5,1: "Moisés convocou todo Israel e disse: Ouve, ó Israel, os estatutos e as normas que hoje proclamo aos vossos ouvidos. Vós os aprendereis e cuidareis de pô-los em prática".

- Acredito que esta palavra é dirigida a mim?

Is 55,1: "Ah! Todos que tendes sede, vinde à água [...]".

Somos convidados a saciar a nossa sede na Palavra viva de Deus, a água que vem ao encontro da nossa necessidade.

- Olhando para a minha vida, minha família: Que tipo de sede eu sinto? Sede de carinho, diálogo, apoio, elogio?

Is 55,2: "Por que gastais dinheiro com aquilo que não é pão, e o produto do vosso trabalho com aquilo que não pode satisfazer?

Muitas vezes gasto dinheiro e tempo com tantas coisas, e muitas, deixando de investir no principal: as coisas de Deus. Por exemplo: comprar uma Bíblia para alguém, visitar um doente, trocar a novela pelo diálogo com a família e outros.

- Que parte do meu tempo ou do meu dinheiro já gastei com aquilo que não me pode satisfazer?
- Em que preciso melhorar?

Is 55,3: "Escutai-me e vinde a mim [...]".

- Preocupo-me em ouvir a voz de Deus, que me pede para amá-lo acima de todas as coisas, a viver feliz?
- Ou acho mais cômodo ouvir a voz do mundo que não me faz exigências, mas também não me dá paz e felicidade?

Is 55,6: "Procurai o Senhor enquanto pode ser achado, invocai-o enquanto está perto".

A Palavra de Deus é luz, e, quanto mais perto da luz, mais enxergamos a verdade da nossa vida.

- Procuro viver a Palavra e seguir o caminho de Deus? Procuro ser hoje melhor do que fui ontem?
- Lembro-me de uma passagem da Bíblia que mudou o rumo da minha vida?

Is 55,8-9: "Com efeito, os meus pensamentos não são os vossos pensamentos [...]".

Somos incapazes de compreender os desígnios de Deus no desenrolar de nossa história. Resta-nos abandonar a vida em suas mãos.

- Aceito o plano de Deus na minha vida? Ou ainda reclamo muito e não consigo enxergar o que Ele quer me mostrar com certos acontecimentos, que muitas vezes me fazem sofrer?
- Em que situação da minha vida me revoltei contra Deus e depois percebi sua mão no mesmo acontecimento?

Is 55,10-11: "Como a chuva e a neve descem do céu e para lá não voltam sem terem regado a terra [...] tal ocorre com a palavra que sai da minha boca: ela não torna a mim sem fruto [...]".

- Acredito que a Palavra de Deus tem poder de transformar a minha vida?
- Como está a minha fé?

Atualização

A fonte da fé da Igreja é dupla: é a Palavra escrita e a Tradição (Palavra vivida). É nesta fonte dupla que a Igreja encontra sua inspiração original. A Igreja é mais antiga que a Palavra escrita. Jesus não escreveu nada, e não mandou ninguém escrever.

Como a Boa-nova de Jesus Cristo chegou até nós? O Apóstolo Pedro ouviu, no terceiro dia após a morte de Jesus, a notícia de Maria Madalena, que voltou do túmulo vazio, dizendo: "Ele ressuscitou!" Não teve muito efeito na hora, mas foi a partir deste momento, e principalmente depois do 50º dia, a Festa de Pentecostes, que a Igreja começou a se espalhar. Os apóstolos pregaram primeiro em Jerusalém. Com as dificuldades e perseguições eles foram obrigados a sair da cidade. Nesse momento tornou-se difícil a pregação e, como não existiam as cartas de São Paulo, os apóstolos e missionários começaram a escrever cartas e outros bilhetes para dar conselhos às comunidades ou passar avisos.

Também o Antigo Testamento nasceu assim. Quando lemos a Bíblia e não estamos preparados, levamos um choque. Tanto sangue, guerras, estupros... Esta escritura se torna Palavra, porque é nos acontecimentos que o povo começa a perceber a mão de Deus. O povo descobriu Deus agindo em sua história. A palavra é acontecimento. Deus disse: Haja luz, e se fez luz. Hoje, para ter certeza de algo, precisa-se de um documento no cartório. Para os povos antigos não precisava nada de escrito. Quando alguém dava a palavra, era todo um acontecimento, não tinha como voltar atrás. Deus tentou de todas as maneiras entrar em contato com os homens. Demorou, mas conseguiu. A Palavra de Deus vai se realizando, cumpre-se. Quando a Palavra se fez carne em Jesus Cristo, ela se realizou e se cumpriu por completo. Qual é o significado da Palavra: "O Verbo se fez carne e habitou entre nós"? A partir do momento que esta palavra entra e transforma a nossa vida, ela se faz carne. Antes, quando a gente lia a Bíblia e não conseguia se encontrar dentro dela, ela era apenas uma palavra. A pessoa transformada pela Palavra de Deus não é mais a mesma pessoa, é uma nova criatura. Muitos têm fé, mas não têm experiência de Deus na sua vida. Como a Palavra de Deus chegou até mim? A Palavra de Deus era transmitida no meio familiar, em rodas de conversa. Era transmitida oralmente de geração em geração, e isso podemos compreender melhor lendo Dt 26,5-10.

Na Bíblia, as primeiras coisas escritas são os cantos, que ficaram na memória do povo e entraram na liturgia. Quando começamos a cantar, nós vemos Deus agir hoje, sentimos a sua presença. A nossa vida se abre, e vemos Deus presente em nossa história. A história da salvação é a nossa história hoje. Os pecados são os mesmos que antigamente. Quando, por exemplo, o Evangelista Marcos fala muitas coisas negativas dos apóstolos, ele fala em primeiro lugar da nossa geração, os discípulos de hoje. A situação não era diferente. A libertação acontece hoje novamente. O plano de Deus se concretiza. A Bíblia é como uma coluna, um esqueleto, mas não é vida. Os acontecimentos eram coisas históricas importantes, mas é preciso viver estas experiências. A Palavra aconteceu antes da Bíblia. Antes de tudo há o acontecimento. Depois aparecem os escritos, em seguida redações mais complexas. Os textos mais antigos são sempre textos litúrgicos. Quando proclamamos a Palavra, começamos a enxergar tudo diferente. Na celebração entendemos que o Cristo é o Cristo de ontem, hoje e sempre[7].

É importante também ter uma visão geral da história do povo da Bíblia para não nos perdermos ou fazer confusão na nossa maneira de falar. Por isso começamos com a criação, conhecendo os momentos cruciais da história do povo de Deus ou a história da salvação. Passamos pelos grandes momentos, "as maravilhas que Deus fez", que mudaram o rumo e marcaram a história do povo de Deus, Abraão, Moisés, o deserto, a aliança, os profetas, até chegarmos no Novo Testamento para conhecer melhor a vida de Jesus e a Igreja.

Oração

Inspirados na Palavra de Deus partilhada façamos espontaneamente as nossas orações.

---

7. Concílio Vaticano II: GS, n. 229-231.

1.2

A criação, obra de Deus

Apresentação

Onde encontrar sinais de que Deus existe? No coração do ser humano está escrito a história de cada um (Is 29,15-16; 45,9-13; Jr 18,1-10).

Deus criou o homem e a mulher, como senhores da criação, com inteligência e vontade, à sua imagem e semelhança. É para eles que existe a terra, o mar, a totalidade da criação. O homem e a mulher foram criados para cuidar da vida. Vivendo-a em plenitude, o homem e a mulher tornam-se imagem e semelhança de Deus. O homem e a mulher são chamados ao autodomínio e profundo respeito pela pessoa do outro. Quanto mais humanizada, tanto mais Deus aparece. O amor exige diálogo e respeito. Cada um merece respeito assim como ele é, na sua integridade, sem mutilação e sem usar a pessoa do outro para a própria satisfação. Quando se quebra aquilo que é o mais sagrado na sexualidade, a união espiritual e física do homem e da mulher, perde-se seu sentido profundo.

O homem é chamado para amar como homem e a mulher como mulher, e isso exige uma aceitação e respeito a todos os desafios próprios da sexualidade humana. A geração de hoje é testemunha como o homem manipula por meio de tantas experiências a fonte da própria vida. Não existe maior dom que o próprio dom da vida. É um bem absoluto. Defender o direito à vida até em casos-limite e extremos é uma sublime vocação. E é uma vocação de maneira especial da mulher. O homem e a mulher, embora sendo iguais em dignidade, não são iguais e têm uma missão diferente. São chamados a ser uma só carne com a missão de se completar como homem e mulher. Direitos iguais não quer dizer que eles são iguais. O homem é chamado a amar como homem, e a mulher como mulher, e isso não é a mesma coisa. Cada um tem um papel fundamental e ambos são chamados para proteger e ir na frente de sua família, defendendo-a das dificuldades que vêm de fora.

Proclamação da Palavra de Deus

Gn 1–2

Sugestões de partilha

Gn 1,26-27: "Deus disse: 'Façamos o homem à nossa imagem, como nossa semelhança, e que eles dominem [...]'".

Deus me criou à sua imagem e semelhança. Criou-me para dominar e não ser escravo.

- Hoje eu domino ou sou dominado pelo individualismo, nervosismo, ansiedade, medo, desânimo, prazer imediato, consumismo, moda, aparelhos eletrônicos, carro...?
- As minhas atitudes revelam os traços de imagem e semelhança de Deus?

Gn 1,28: "Deus os abençoou e lhes disse: "Sede fecundos, multiplicai-vos [...]".

Deus é o único que abençoa, pois é sempre Ele que realiza o bem na vida das pessoas.

- Acredito no poder desta bênção? Estou disposto a viver a sexualidade no casamento com os desafios e consequências?
- Como acolho esta palavra "sede fecundos, multiplicai-vos"?
- Tenho consciência de que o ser humano começa a existir desde o primeiro momento da sua concepção? Sou a favor da vida ou do aborto?

Gn 2,3: "Deus abençoou o sétimo dia e o santificou, pois nele descansou depois de toda a sua obra de criação".

Deus descansou, dando-nos um exemplo a ser imitado. O domingo é o Dia do Senhor.

- Procuro descansar neste dia, participar da missa, dedicar um tempo maior à família?
- O que faço no domingo que seja agradável ao Senhor?

Gn 2,7: "Então Iahweh Deus modelou o homem com a argila do solo [...]".

Argila (barro) simboliza a fragilidade e a minha dependência de Deus.

- Já passei por alguma doença ou outro tipo de problema em que percebi a minha dependência de Deus, reconhecendo que sem Ele nada posso fazer?

Gn 2,15: "Iahweh Deus tomou o homem e o colocou no jardim do Éden para o cultivar e o guardar".

O jardim do Éden é hoje o ambiente em que vivo com minha família.

- Estou preocupado em cultivar as boas atitudes, boa educação, boa orientação moral e religiosa da minha família?
- Ajudo a fazer do meu bairro um lugar bom para se morar?
- Minha casa tem jardim, flores ou plantas? Dentro de casa costumo cultivar alguma planta, flores para alegrar o ambiente familiar? As pessoas de fora que olham o meu jardim percebem os sinais de Deus?
- Gosto de passear na natureza? Consigo ver nela a beleza de Deus?
- De que maneira contribuo com a coleta da reciclagem?

Gn 2,16-17: "Podes comer de todas as árvores do jardim. Mas da árvore do conhecimento do bem e do mal não comerás [...]".

"Comer de todas as árvores" simboliza a sabedoria e a Lei de Deus e praticar o bem é viver feliz. Mas Deus adverte que da "árvore do conhecimento do bem e do mal não comerás", ou seja, praticar o que não agrada a Deus é deixar de ter paz e alegria no coração.

- O critério do bem e do mal está dentro ou fora de mim?
- Olhando para minha vida, sou sábio praticando as Leis de Deus? Ou quero colocar na minha vida os meus critérios e não os de Deus? Em que preciso melhorar?

Gn 2,22-23: "Depois, da costela que tirara do homem, Iahweh Deus modelou uma mulher [...] é osso dos meus ossos e carne da minha carne!"

Assim como o homem, a mulher foi criada por Deus. Mas o homem e a mulher, embora iguais em dignidade, têm uma missão diferente.

- Como homem, protejo os valores da família e a defendo contra as dificuldades?
- Como mulher, valorizo-me e me respeito, vivendo a moral e a ética cristãs?

Atualização

Em nossa educação ouvimos um pouco sobre a origem do mundo. As pesquisas e descobertas científicas dos últimos decênios mudaram muito. Porém, ainda não responderam com precisão aos questionamentos do ser humano que continua se perguntando: De onde viemos? Para onde vamos? Qual é a nossa origem? Qual é o nosso fim? Mas, apesar de não termos as respostas com a precisão que gostaríamos, as descobertas da ciência nos convidam a admirar mais a grandeza do Criador e nos faz render graças por todas as suas obras. Vejamos uma das contribuições relatadas pelo Pe. Zezinho:

> Parece loucura, mas respeitados pesquisadores defendem, sempre com mais convicção, a teoria científica da origem do universo. Essa imensidão complexa e deslumbrante, que inquieta e provoca o homem de todos os tempos, começou com uma partícula menor do que um átomo. Tão pequena que, se o olho humano já existisse, o universo seria invisível. Foi deste nada infinito que tudo começou. Aquela partícula, aparentemente minúscula, era tão grande por dentro, tão densa e possuía uma energia tão infinita, que explodiu de maneira tão formidável que nem todos os computadores do mundo juntos conseguiriam calcular. Isso há cerca de 200 milhões de séculos. Ou foi há 180 milhões? E faz alguma diferença? O resultado foi o famoso, e ainda não suficientemente explorado, *big-bang*: a grande explosão. O universo é aquela partícula invisível a olho nu que explodiu e continua explodindo. As mais de 2.500 galáxias que se sabe existirem cada uma com cerca de 100 milhões de estrelas, como o Sol, são a matéria que ainda queima, em consequência daquela poderosíssima bomba menor do que um átomo. O universo é luz e fogo, gases e matéria incandescente. E o escuro que vemos é apenas o vazio entre uma luz e outra[8].

É bom sabermos estas coisas, embora estejamos longe ainda de toda a verdade a respeito do início do universo, se é que teve início. A nossa fé não é contra tudo isso, pois como cristãos cremos que o mundo foi criado para a glória de Deus, para manifestar o seu amor. Diante disso não há motivo para ficar com medo da verdade. Deus, por ser criador, soberano e livre, causa primeira de tudo que existe, está presente no mais íntimo de suas criaturas. E Deus viu que tudo era bom. Assim, quando falamos do livro do Gênesis, que fala da origem, da criação de Deus, precisamos dizer a mesma coisa que dizemos sobre todos os livros da Bíblia. É uma história que foi vivida e depois colocada no papel. É uma história de luta, de sofrimento e de esperança de um povo. Nasceu da experiência histórica do povo que sentiu durante a sua caminhada a presença de um Deus criador, libertador, salvador. O livro do Gê-

---

8. OLIVEIRA, J.F. (PE. ZEZINHO). *Católicos pela graça de Deus*. São Paulo: Paulus, 1996, p. 55-56 [Subsídios para uma leitura de fé, 2].

nesis foi escrito pelo povo de Israel, que foi registrando as tradições orais antigas sobre o início de sua história. Por trás dessa história encontramos uma riqueza muito grande, as doutrinas que devemos entender à luz de Deus criador.

É importante tomar consciência da vida que estamos levando: nossa dignidade de filho(a) de Deus, nossa missão específica dentro da família, nossa participação na sociedade, na construção de um mundo melhor, nossa responsabilidade em transmitir as conquistas de uma nova conscientização do meio ambiente e os desafios relacionados à transmissão da vida, crescendo assim na consciência de que Deus é a favor da vida.

Oração

Inspirados na Palavra de Deus partilhada, façamos as nossas orações expressando a Deus nossos sentimentos de gratidão pelo dom da vida, pelo dom da família.

1.3

O PECADO, UMA REALIDADE NO MUNDO

Apresentação

A história da humanidade é uma longa história de graça, mas também de sofrimento e maldade. Nenhuma religião pode ignorar esta realidade. A presença constante do mal e do sofrimento dificulta a fé num Deus bom e justo. O mal não tem explicação ou justificativa. É irracional por excelência. Diante do mal é preciso ficar humilde. Compreender o que é incompreensível não tem sentido. Isso não quer dizer que não podemos dizer nada.

Existe o mal que não depende de ninguém, como um terremoto ou um temporal. Por que tudo isso? A morte de uma pessoa de idade entendemos, mas a de uma pessoa jovem nos revolta. Pior é a morte que resulta da maldade humana. Não podemos esquecer as guerras e os genocídios do século XX. Como Deus pôde permitir isso?

Existe o pecado pessoal e também o pecado social. Herdamos dos nossos pais este mundo com tantas estruturas injustas e deixamos para nossos filhos a nossa contribuição e a nossa parte de pecado. O pecado social tem sempre como raiz última um pecado pessoal.

O pecado pessoal é uma decisão individual. Caso contrário deveríamos negar a liberdade humana. O ser humano é tão perverso que conseguiu interferir na glória de Deus. Ele mata, domina, porque se entrega à sua própria força. Por que nós somos assim?

Este encontro é fundamental diante da dificuldade e da cegueira do mundo atual para aceitar e enxergar a verdade. Pecado só existe para pessoas iluminadas pela Palavra de Deus, pois são conscientes da possibilidade de construir ou de destruir a vida, a família, a comunidade, a cidade.

Proclamação da Palavra de Deus

Gn 3

Sugestões de partilha

Gn 3,2-3: "A mulher respondeu à serpente: 'Nós podemos comer do fruto das árvores do jardim. Mas do fruto que está no meio do jardim, Deus disse: dele não comereis [...]'.

Deus quer o melhor para nós e por isso pede que nos alimentemos apenas com o que é bom".

- Olhando para minha vida, posso dizer que me alimento com frutos bons que renovam as forças e alegrias como o carinho, respeito, compreensão, paciência, humildade, diálogo? Se sim, reflita os resultados. Se não, analise os motivos por que não o faz.
- Qual é o fruto que Deus me pede para não comer? Ou seja, qual o pecado que Deus me pede para não cometer?
- Como tem sido minha obediência a Deus? Em que preciso melhorar?

Gn 3,4-5: "A serpente disse então à mulher: 'Não, não morrereis! Mas Deus sabe que, no dia em que dele comerdes, vossos olhos se abrirão [...]'".

A serpente é o símbolo do mal, traiçoeira, venenosa. Olhando para a minha vida:

- Alguma vez eu já me comportei como a serpente, induzindo alguma pessoa a deixar de fazer o bem?
- Eu já fui cúmplice do pecado de alguém? Desonestidade, injustiça, roubo, aborto?

Gn 3,6: "A mulher viu que a árvore era boa ao apetite e comeu".

Comer do fruto proibido é deixar Deus e seguir a si próprio; é seguir, imprudentemente, o próprio caminho.

- Em que situação já experimentei decisões imprudentes e depois me arrependi?

Gn 3,7-10: "Então abriram-se os olhos dos dois e perceberam que estavam nus [...] se esconderam da presença [...] de Deus [...]".

A nudez é a tomada de consciência do homem diante de Deus: ele está envergonhado por ter errado. As folhas de figueira designam o medo, vergonha do homem. Era preciso cobrir-se, usar máscara, pois não tinha a humildade de reconhecer-se culpado diante de Deus.

- Que máscara estou usando atualmente que está me impedindo de participar da construção de um mundo ou comunidade melhor?
- Olhando para a minha vida, que máscara estou usando: da mentira, da desculpa, da omissão, do prazer, da carência?
- Que esforço eu faço para ser uma pessoa transparente e construir um mundo melhor?

Gn 3,12-13: "[...] A mulher que puseste junto de mim me deu da árvore, e eu comi! [...] A serpente me seduziu e eu comi".

O homem e a mulher foram tentados e cederam; usar justificativas é não querer reconhecer o próprio erro. Olhando para minha vida:

- O que é pecado hoje no mundo?
- E para mim?

Atualização

Quando afirmamos que o homem e o mundo vão mal, quase sempre pensamos nos outros. Mas, no fundo, quem nunca fez alguma coisa na vida para se envergonhar? Não é fácil reconhecer e dizer: "Eu sou maldoso", pelo menos fui, "naquela ocasião".

Nunca entenderemos o pecado quando o colocamos num ponto no início da criação ou da evolução. Adão é "o homem". Todos juntos somos Adão e cada um de nós é Adão. O pecado original não é só uma herança que recebemos da nossa origem. Cada um de nós, se estivesse no lugar de Adão, teria feito a mesma coisa. O texto bíblico nos diz que Deus não está na origem do mal, mas também já está presente antes que o homem tome uma decisão. Ele, por uma livre decisão de sua vontade, deixou-se enganar.

O capítulo 3 do livro do Gênesis começa com uma insinuação mentirosa da serpente: "É verdade que Deus vos disse: não comais das árvores do jardim?" No entanto, não foi isso que Deus disse. Ele proibiu o acesso só a uma árvore: a árvore do bem e do mal. O homem pode matar alguém, mas não tem o poder de dizer que ele fez um bem. Só Deus decide o que é bom e o que é mau. Depois do pecado o homem se esconde e usa roupas diante de Deus, que pergunta: "Onde estás?" Ele usa uma máscara e perde a transparência. Também na comunidade a gente demora um pouco até descobrir a pessoa que está atrás da máscara. Como aparecemos na família, diante dos filhos, na comunidade, no serviço?

À primeira vista a mulher tomou a iniciativa para o mal. Mas logo se percebe que o homem não fica atrás: homem e mulher não assumem sua condição de criatura, de ser homem e mulher e aquilo que é próprio ao dom de ser homem ou mulher. O dom se torna motivo de divisão e deixa de ser motivo de comunhão. E, por isso mesmo, muitas vezes entram numa rivalidade sem fim. Tornam-se "machistas" ou "feministas", substituindo a comunhão pela divisão. A comunhão pressupõe o reconhecimento das diferenças, e mesmo da interdependência fecunda. Quando o homem e a mulher, como também os povos, as raças e religiões não sabem reconhecer e acolher as diferenças na busca da comunhão enriquecedora, caem no mesmo pecado de origem: um quer ser mais do que o outro, ou seja, não respeitam os desígnios de Deus. O dia que alguém amar a sua mulher ou seu marido mais do que a mim, ele se torna escravo.

É assim que entram na vida humana o medo e a morte. O medo da morte nos domina (Hb 2,14). O medo de tudo: medo de não ser ninguém, de perder tudo. Outra consequência do pecado de origem diz respeito à maternidade. A estrutura do corpo do homem é para salvar e proteger sua mulher, para dar sua vida, como Cristo a deu. A mulher está ligada pela maternidade ao mistério de Deus, por isso a maternidade deveria ser uma expressão de alegria; contudo, gerar uma criança se tornou expressão de sofrimento. Da mesma forma o homem é chamado para realizar-se no mundo pelo trabalho, mas a conquista da terra se tornou um castigo. O homem quer construir um mundo excluindo Deus.

Em terceiro lugar aparece o espírito da dominação em relação aos outros seres humanos e às demais criaturas. Entretanto, o ser humano passou a tentar dominar e a oprimir seus próprios irmãos e irmãs, exatamente como faz com as criaturas. Assim, em vez de um mundo que se encaminha para a harmonia, nós nos defrontamos com um mundo sempre mais desarticulado pelas tensões e conflitos em todos os níveis e em todos os sentidos.

Quando Deus criou o homem foi para a igualdade, mas o pecado gerou a dominação. Cristo veio tirar essa dominação. O Filho do Homem veio para servir e não para ser servido. Cada um deve ocupar seu devido lugar. Submeter-se a alguém que dá a vida por amor a você é uma alegria (Ef 5,21). O casamento não é para quem tem vontade, mas é uma vocação. É um carisma para transmitir a vida e a fé em Cristo. Transmitir a vida sem Cristo se torna um inferno, o inferno no qual tantas crianças nascem hoje. Quem faz nascer um casamento não pode ser o dinheiro, a conveniência, a fuga, mas o "sim", a livre e espontânea vontade, de um homem e uma mulher. O homem e a mulher foram criados para se completar, mas eles entraram em competição e assim a união conjugal perde o seu brilho. Deus é fonte, Deus é criador. O ser humano recebeu a missão de cuidar do mundo. Diante do mal assustador não existe explicação ou resposta. Nem Jesus veio explicar ou justificar o sofrimento, mas dar um possível sentido além do absurdo do mal. A morte de Cristo inspirou tantos homens e mulheres a viverem dando suas vidas. Temos a missão de reconstruir o mundo. "A catequese, em nome da fé, e a partir de uma renovada teologia da criação, é uma instância privilegiada que a Igreja tem para assumir este desafio"[9].

Oração

A partir do que foi refletido na partilha da Palavra eleve a Deus suas preces e, após cada uma, repita por três vezes: Livrai-nos do mal, Senhor!

---

9. CNBB. *Com adultos, catequese adulta.* Op. cit.

1.4

ABRAÃO, O PAI DA NOSSA FÉ – 1ª PARTE

Apresentação

Com Abraão começa a história da salvação, e dentro dela encontramos a nossa própria história.

Abraão é um homem à procura de Deus e foi chamado para deixar sua terra em Ur. Era um homem velho, sem terra, sem filho e a vida dele não tinha muito sentido. Certo dia Deus o convida para deixar tudo para trás e lhe promete um filho e uma terra. Em troca Deus exige uma fé absoluta, uma submissão total. Abraão reconhece a superioridade de Deus porque ele paga o dízimo.

Deus promete-lhe uma terra e uma descendência maior que as estrelas do céu, mas demora a cumprir esta promessa.

De uma maneira muito significativa, Deus aparece novamente na sua vida através de três homens no carvalho de Mambré e anuncia a realização de sua promessa, o nascimento de seu filho Isaac (Gn 18).

Este encontro nos convida a dar um passo decisivo na vida. O mundo e o ser humano não estão entregues a um destino cego. No meio do barulho do mundo soa a voz do único Deus que o chama. Abraão ouviu esta voz e se colocou a caminho. Assim ele se tornou o "pai da fé".

Proclamação da Palavra de Deus

Gn 12,1-9; 13,1-11 (Ló); 14,17-20 (Melquisedec); 15,1-21 (promessa); 16,2 (Hagar); 17,1-2 (aliança); 18 (Mambré).

Sugestões de partilha

Gn 12,1-2: "Iahweh disse a Abraão: 'Sai da tua terra [...]'".

Abraão aceitou o chamado e foi em busca de uma segurança espiritual. Hoje Deus me chama para sair da minha terra, para sair da vidinha sem graça de reclamações, nervosismo, impaciência, mau humor, falta de diálogo, de perdão, preguiça,

- Estou disposto a dizer sim a este chamado que Deus me faz?
- De que terra Deus quer que eu saia hoje?
- Estou disposto a sair da terra do indiferentismo para com o meu vizinho, comunidade, bairro, no ambiente de trabalho?

Gn 13,11: "Ló escolheu para si toda a Planície do Jordão e emigrou para o Oriente. Assim eles se separaram um do outro [...]".

A certa distância do caminho Abraão e seu sobrinho Ló se separaram. Ló escolheu a melhor terra e Abraão ficou com o que sobrou, porque com sua fé aprendeu a confiar em Deus

- Nas minhas escolhas sinto-me livre como Abraão? Estou disposto a experimentar a fé de Abraão?

Gn 14,20: "E Abrão lhe deu o dízimo de tudo".

O dízimo é o dinheiro que oferecemos àquele que é o nosso Deus, ou àquele que toma o lugar de Deus em nossa vida, como a moda, último tipo de celular, carro...

- A quem eu pago o dízimo?
- O que é sagrado para mim? (jogo, novela...)

Gn 15,1: "[...] Não temas, Abraão! Eu sou teu escudo, tua recompensa será muito grande".

Abraão acreditou na Palavra de Deus.

- Será que acredito no chamado de Deus?
- Já confiei realmente em Deus alguma vez na vida?

Gn 16,2: "[...] e Sarai disse a Abrão: 'Vê, eu te peço: Iahweh não permitiu que eu desse à luz. Toma, pois, a minha serva. Talvez, por ela, eu venha a ter filhos'. E Abrão ouviu a voz de Sarai".

Nós todos, como Abraão, estamos sujeitos a tentações. Experimentar a fé de Abraão é experimentar a luz e descobrir que para Deus tudo tem o tempo e o momento certo para acontecer. Querer precipitar as coisas não é a melhor solução.

- Diante das dificuldades que estou enfrentando, tenho mantido a paciência e esperado com confiança as "demoras" de Deus?
- Ou a ansiedade, o desejo de resolver logo as coisas, têm me levado a agir com soluções humanas, precipitando os acontecimentos, como aconteceu com Abraão?

Gn 17,1-2: "Quando Abrão completou noventa e nove anos, Iahweh lhe apareceu e lhe disse: [...] anda na minha presença e sê perfeito. Eu instituo minha aliança entre mim e ti, e te multiplicarei extremamente".

Deus vem cumprir a promessa de dar um filho a Abraão e sua esposa Sarai. Deus constantemente nos surpreende com sua fidelidade, dando-nos presentes maravilhosos.

- Eu imaginava que com esta idade estaria fazendo um caminho que me leva a uma profunda experiência de Deus?
- Valorizo este presente de Deus, que chegou até mim neste momento da minha história?

Gn 18,13-14: "Mas Iahweh disse a Abraão: 'Porque se ri Sara, dizendo: Será verdade que vou dar à luz, agora que sou velha? Acaso existe algo de tão maravilhoso para Iahweh?' Na mesma estação, no próximo ano, voltarei a ti, e Sara terá um filho".

A promessa de Deus, às vezes, demora para se cumprir. Abraão não se deixou abalar pela desconfiança. Para Deus nada é impossível.

- Estou disposto(a) a ter uma fé absoluta, uma submissão total a Deus? Acredito que para Deus nada é impossível?
- Vejo alguma semelhança entre a história de vida de Abraão e a minha vida?

Atualização

Abraão vivia numa época cheia de idolatria e ele mesmo também conhecia vários deuses. O mundo hoje não é tão diferente. Nós chamamos de Deus aquele que manda no mundo. Se nós nos perguntamos quem é que hoje manda no mundo ou em nossa vida vamos perceber que existem muitos deuses. Quantos vícios, a moda, a televisão, o jogo etc. mandam em nossa vida? Deus chama: "Deixa tua terra, tua família e vai para a terra que eu te mostrarei". Hoje o que entendemos por sair da terra, do comodismo, da preguiça? É preciso fazer uma nova leitura do que seja sair da terra. Pode implicar questões difíceis como o envolvimento com a reforma agrária, a luta pelos valores que garantem a dignidade humana. Também é preciso analisar e reconhecer se às vezes como pai, irmão, amigo, posso estar impedindo as pessoas de ouvirem o chamado de Deus, e como Abraão buscarem uma segurança espiritual.

Melquisedec oferece os sinais da vida: pão e vinho, morte e vida. Sabe que tudo pertence a Deus e paga o sinal desta pertença com o dízimo de tudo o que ele tem (Gn 14,17-20). Aonde eu pago o meu dízimo? Na lotérica, no bar, à moda, novela...

Abraão começou a duvidar e Deus faz uma aliança com ele e não pede nada em troca. Deus promete cumprir sua promessa através de uma aliança (Gn 15), mesmo quando os urubus tentam destruir ou anular a aliança (Gn 15,11). Ele mudou até de nome (Gn 17,5), quer dizer, sua vida mudou totalmente quando começou a confiar em Deus. Diante da demora, Abraão tentou resolver o problema com uma escrava, Agar, e nasceu o filho Ismael (Gn 16). Mas não foi esta a promessa de Deus. Muitas vezes tentamos resolver as nossas dificuldades e inseguranças com soluções humanas. Os pensamentos de Deus não são como os dos seres humanos.

Oração

Ó Deus, Pai bondoso, que chama o ser humano para se tornar seu filho(a), peço um coração livre, para te ouvir e seguir em todas as situações da minha vida. Te peço isso, por Cristo nosso Senhor.

1.5

ABRAÃO, O PAI DA NOSSA FÉ – 2ª PARTE

Apresentação

Abraão recebeu com muita alegria seu filho, a quem deu o nome de Isaac, que significa Sorriso de Deus (Gn 21,6). Ele o adorava, era tudo para ele. É muito comum um pai adorar o seu filho, como o mais bonito, o mais inteligente, o melhor em tudo. No entanto, para não correr o perigo de endeusá-lo, Deus o pede em sacrifício. Na hora Ele não o permitiu, porque é a favor da vida e não da morte. Isaac vê a glória de Deus.

Este encontro do sacrifício de Isaac ajuda a descobrir que Deus quer obediência total e, com esta liberdade, Ele dá um sentido novo às suas vidas. Porque nem os laços familiares mais profundos podem interferir ou impedir as pessoas de servir o único Deus. Aliás, sem colocar Deus na frente, as pessoas se tornam escravas dos próprios sentimentos, afetos, caprichos dos filhos... e escravizam os outros.

Proclamação da Palavra de Deus

Gn 21,1-7; 22,1-19

Sugestões de partilha

Gn 22,1: "[...] 'Abraão! Abraão!' Ele respondeu: 'Eis-me aqui!'"

- Estou disposto a dizer a Deus: "Eis-me aqui para fazer a tua vontade?"
- Qual tem sido a minha disponibilidade diante do chamado de Deus?

Gn 22,2: "Deus disse: 'Toma teu filho, teu único, que amas, Isaac, e vai à terra de Moriá, e lá o oferecerás em holocausto sobre uma montanha que eu te indicarei'".

Imagine como Abraão adorava este filho que era tudo para ele, e, de repente, Deus lhe pede Isaac em sacrifício.

- Qual é a minha reação quando Deus me pede algo difícil de me despojar?
- Oferto o que tenho de melhor ou tento enganar o próprio Deus?

Gn 22,3: "Abraão se levantou cedo, selou seu jumento e tomou consigo dois de seus servos e seu filho Isaac [...] e se pôs a caminho [...]".

Para quem tem fé podem vir cruzes, sofrimentos, dificuldades, que ele permanece em paz.

- Tenho a mesma prontidão de Abraão, principalmente diante dos compromissos da fé?
- Ou, em meio às dificuldades, deixo de dar passos na vida cristã?

Gn 22,4: "[...] Abraão, levantando os olhos, viu de longe o lugar".

- Procuro abrir meus olhos para enxergar o sentido novo que Deus quer dar para minha vida?

Gn 22,5: "Abraão disse: [...] Eu e o menino iremos até lá, adoraremos e voltaremos a vós".

Fé é caminhar na certeza que Deus providenciará.

- Diante das dificuldades tenho tido a tranquilidade e a confiança total em Deus como teve Abraão?

Gn 22,7-8: "Isaac [...] Mas onde está o cordeiro para o holocausto? Abraão respondeu: É Deus quem proverá o cordeiro para o holocausto, meu filho[...]".

Fé é reconhecer, em nossa fraqueza, a grandeza de Deus.

- Reconheço que Deus é o único que não decepciona?

Gn 22,9: "Quando chegaram [...] Abraão construiu o altar [...]".

Ao chegar, a primeira coisa que Abraão fez foi colocar Deus em primeiro lugar. Construiu um altar. Por isso que Abraão é chamado "Pai da nossa fé".

- Em que momento(s) do meu dia de hoje sinto que coloquei Deus em primeiro lugar em minha vida?

Gn 22,10-13: "Abraão estendeu a mão e apanhou o cutelo para imolar o seu filho. Mas o anjo de Iahweh o chamou do céu e disse: 'Abraão! Abraão!' E ele respondeu: 'Eis-me aqui'. O anjo disse: 'Não estendas a mão contra o menino! Não lhe faças nenhum mal! Agora sei que temes a Deus. Tu não me recusaste teu filho, teu único'. Abraão ergueu os olhos e viu um cordeiro [...]".

Abraão não fraquejou na fé e isto lhe foi levado em conta de justiça.

- Estou disposto a abrir mão daquilo que tenho de melhor para fazer a vontade de Deus?
- Como é o nome do meu Isaac? (cartão de crédito, trabalho, carro, casa, filhos, saúde?)
- Qual é hoje a segurança da minha vida que, na verdade, atrapalha-me para caminhar?
- Em que etapa do caminho de Abraão você se encontra hoje: Vocação – Ló – Melquisedec – aliança – Hagar – Mambré – Isaac?

Atualização

Abraão é o pai da nossa fé, porque ele aceitou o chamado de Deus e começou um caminho. Se nós achamos que temos fé, é preciso encontrar em nossa vida a herança de Abraão, aquelas atitudes que ele teve na sua vida.

Abraão tinha uma cruz muito grande em Ur. Ele era velho, sem esperança, sem segurança, sem filho e sem terra, sua vida parecia um fracasso só, uma coisa sem sentido. Esta cruz o levou a acreditar em Deus, apesar de todas as aparências humanas. Abraão descobriu um Deus que o tirou desta vida sem graça e cumpriu gratuitamente a sua promessa de felicidade, descobriu um Deus que existe para os velhos e fracassados.

Abraão tem dois filhos. Tentou de tudo na sua vida, mas agora, velho, nada tem mais sentido. Vejo no asilo: o fim do ser humano é morrer na solidão! Hoje, através desta palavra, Deus diz a você que Ele pode dar um sentido novo à sua vida! É preciso aprender caminhando. A fé é um caminho, a fé está nos pés e nas pernas de Abraão. Deixe as seguranças que você teve até agora na sua vida: sua casa, profissão, mulher, filhos, saúde. Deus deu todos estes dons na sua vida, mas eles não podem se tornar outros deuses. Deus é um só.

Deus promete uma descendência, um filho. Quando Abraão corria risco de idolatrar este filho, Deus pediu o sacrifício de Isaac. Mas: "Deus providenciará"!

Esta Palavra se cumprirá um dia plenamente em Jesus Cristo, o filho que carregou a lenha, a cruz. Ele tem dentro de si a vida eterna. Ter vida eterna é ter Jesus Cristo dentro de você (Jo 8,52-58). Abraão viu o dia de Jesus Cristo e riu. Você também verá e rirá. Quem aceitar fazer um caminho na fé, como Abraão, experimentará um sentido novo e maravilhoso na sua vida. Você poderá amar a todos os homens como Jesus Cristo. Experimentará a vida eterna. Você é um templo do Espírito Santo. Você receberá tudo isso gratuitamente. Pode demorar o cumprimento da promessa de Deus. Mas Abraão não se deixou abalar pela desconfiança. Isto lhe foi levado em conta da justiça (Rm 4,18-25).

O cristianismo não exige nada de ninguém, dá tudo de graça. Fé não é a nossa força de vontade, é caminhar na certeza que Deus providenciará. É pegar seu filho em suas mãos e dar risada. Deus não quer que sua vida adquira um sentido novo somente no final, mas desde já. Por isso Ele permite acontecimentos, e às vezes acontecimentos pesados para que percebamos a possibilidade de um sentido novo para nossas vidas. Mas nem sempre conseguimos reconhecê-los.

Deus faz de tudo para não sairmos do caminho, para não nos acomodarmos. Frente à cruz, qual é a resposta de Deus? Ele a torna gloriosa e luminosa porque "Deus providenciará". Deus tira, da morte e do mal, a vida e o bem. Diante do acontecimento da cruz e da morte, Deus deu Jesus Cristo ressuscitado e glorificado. "Deus providenciará". Para quem tem fé, podem vir as cruzes, os sofrimentos, as guerras, ele permanece na paz. Existem pessoas que ficam trinta anos na cama e vivem felizes. Outras, depois de um pequeno contratempo ou uma pequena doença, suicidam-se.

Abraão é uma iluminação sobre nossa realidade. Uma demonstração do amor de Deus. Ele quer que entendamos nossa vida, porque morreu sua mulher, porque você não encontra trabalho, porque temos um filho deficiente, porque você não é feliz. Deus não abandona os seres humanos. Abraão é um modelo de vivência da fé. Se você está fora desta palavra é preciso se converter depressa.

Para alguns Cristo é a rocha sobre a qual constroem a casa. Para outros é a pedra que cai em cima e esmaga. Cristo é a pedra angular.

Oração

Vamos pedir a Deus a libertação dos falsos deuses em nossa vida rezando:

Deus que é Pai de todos nós e de todas as coisas. Vos agradeço por tudo que o Senhor já deu, e peço que o Senhor me guarde e liberte de todo tipo de ganância (expressar espontaneamente). Amém.

1.6

Patriarcas, homens guiados por Deus

Apresentação

No encontro anterior foi possível compreender como Abraão é uma Palavra de Deus para nós. Deus fez uma promessa que começa a se cumprir devagar, mas se realiza plenamente em Jesus Cristo. É um caminho. Abraão transmite esta promessa a seu filho. Todas estas histórias dos patriarcas são muito importantes, porque contêm a promessa e a Palavra de Deus.

Isaac teve dois filhos, Esaú e Jacó. A Esaú cabe por direito a primogenitura. Mas Esaú vendeu sua primogenitura a seu irmão por um prato de lentilhas, ou, se fosse nos dias de hoje, por um jogo. Jacó significa a eleição. Esaú é corajoso, amigo de caça, e Jacó é infiel, o filhinho da mamãe. Deus escolheu Jacó. Por quê? Porque Deus é Deus.

Certa noite Jacó luta com o anjo de Deus e descobre a força imensa daquele com quem está lutando, descobre que lhe é superior, então se agarra a ele e não quer soltá-lo, até que o abençoe porque ele o quer como aliado. O anjo o toca nas junturas da coxa, deixando-o manco, mas o abençoa, dizendo: Daqui em diante você não se chamará mais Jacó, mas sim Israel, ou forte com Deus. Jacó e seus descendentes serão mais fortes do que qualquer outro povo, porque lutaram com Deus e descobriram a sua fraqueza e a força de Deus, seu aliado. Mas sua fraqueza não é mais motivo de preocupação, porque sabem a quem recorrer. Jacó sabe que ele não é Deus. A quem descobriu a sua fraqueza, sabe que existe alguém mais forte do que ele.

As histórias de Jacó são "Palavra de Deus" que nos convidam a confiarmos em Deus e nos apoiarmos nele, para que esta Palavra, "Israel", cumpra-se em nossa vida.

É importante reconhecer na vida a nossa fraqueza, perceber a força de Deus e descobrir que existe uma linha em nossa vida. Nada acontece ou aconteceu por acaso. É importante enxergar a vida nesta perspectiva. Na sequência dos encontros, partilhando a Palavra, uns com os outros, começamos a experimentar o poder da Palavra de Deus em nossa vida.

A história de José nos pode ajudar muito na compreensão da nossa própria vida. Podemos experimentar que o sofrimento, por exemplo uma doença ou contratempo na juventude, pode-nos dar um coração compassivo, capaz de ajudar a carregar com muito carinho o sofrimento dos nossos irmãos.

Proclamação da Palavra de Deus

Gn 25,29-34; 27,1-45; 28,10-22; 32,23-33; 37; 42; 45

Sugestões de partilha

Gn 25,25: "Isaac preferia Esaú porque apreciava a caça, mas Rebeca preferia Jacó".

Como está a igualdade entre os familiares ou filhos na sua casa?

- Todos são tratados iguais? Ou, morando com o sogro ou sogra, todos mantêm a liberdade? Isso é positivo ou negativo na sua casa?

Gn 32,25: "E Jacó ficou só. E alguém lutou com ele até surgir a aurora".

Certa noite Jacó (filho de Isaac) luta com o anjo de Deus e descobre a força imensa daquele com quem está lutando.

- Em que situação da minha vida já lutei (insisti) com Deus para que prevalecesse a minha vontade e não a dele? O que pude perceber?
- Onde Ele me feriu?

Gn 32,26: "Vendo que não o dominava, tocou-lhe na articulação da coxa [...]".

O anjo toca nas junturas da coxa de Jacó, deixando-o manco. Jacó descobriu a sua fraqueza e a força de Deus, seu aliado.

- Em que situação Deus precisou me ferir para que eu descobrisse a sua força?
- Hoje percebo a grandeza de Deus até nas minhas feridas?

Gn 32,27: "[...] 'Deixa-me ir, pois já rompeu o dia'. Mas Jacó respondeu: 'Eu não te deixarei se não me abençoares'".

Jacó agarra-se a Deus e não quer soltá-lo. Deseja ser abençoado por acreditar que, quando Deus é sua força, a fraqueza não é motivo de preocupação.

- Sou perseverante nas minhas orações, agarrando-me a Deus, pedindo que Ele abençoe a mim, a minha família...?

Gn 32,29: "Ele retomou: 'Não te chamarás mais Jacó, mas Israel, porque foste forte contra Deus e contra os homens, e tu prevaleceste'".

Enquanto uma pessoa tem a bênção de Deus, o inimigo nada pode contra ela.

- Como estou vivendo o poder desta bênção?
- Em que situação reconheço que também fui forte contra a impaciência, a preguiça, o mau humor, o medo...?

Gn 45,3: "José disse a seus irmãos: 'Eu sou José! Vive ainda meu pai?' E seus irmãos não puderam lhe responder, pois estavam conturbados ao vê-lo".

José, por ser o filho querido do pai, incomodava seus irmãos que tentaram eliminá-lo. Deus não o permitiu, e isto deixou-os conturbados.

- Tem algum acontecimento ou lembrança que eu gostaria de apagar da minha história?
- Já tentei matar alguém pela inveja, ciúmes, julgamento ou difamação?

Gn 45,4: "[...] 'Aproximai-vos de mim!' E eles se aproximaram. Ele disse: 'Eu sou José, vosso irmão, que vendestes para o Egito'".

José não retribui o mal com o mal, mas combate-o com muito amor, humildade, generosidade.

- Tenho a humildade e a iniciativa de me aproximar e perdoar a quem me magoou?
- Quem já foi José para mim? Eu já fui José para alguém?

Gn 45,5: "[...] não vos entristeçais e nem vos aflijais por me terdes vendido para cá, porque foi para preservar vossas vidas que Deus me enviou adiante de vós".

- Aceito o plano de Deus na minha vida, independente de ele trazer alegrias, tristezas ou dificuldades?

- Que situação de sofrimento na minha vida precisou existir para que o plano de Deus se realizasse? Sem este acontecimento eu perceberia a mão de Deus na minha vida?

Gn 45,8: "[...] não fostes vós que me enviastes para cá, mas Deus [...]".

José foi enviado por Deus para estar à frente e salvar toda a sua família.

- Reconheço que foi Deus quem me chamou para estes encontros, porque Ele tem um plano para mim, e quer que me converta, levando luz à minha família, para que ela também se converta e se salve?
- As pessoas conseguem ver a luz de Deus presente em mim?

Atualização

Jacó tem doze filhos. A promessa cai sobre José, "servo sofredor". O dom que ele tem de interpretar sonhos provoca ciúmes. Os irmãos o vendem para alguns mercadores, e assim ele chega ao Egito, onde é levado à casa de Putifar. Não quer dormir com a mulher deste, e assim ele é colocado na cadeia. Dos cárceres mais escuros ele chega ao lugar mais alto. Ele é a figura de Jesus Cristo, que desceu por nós até se tornar servo de todos. A história continua, e os irmãos de José têm que descer até o Egito por causa da fome. Em José encontramos um plano de salvação para toda a família e tantos outros. E a pedra angular, rejeitada pelos construtores, torna-se pedra angular do edifício. Esta profecia sobre José se torna a realidade mais profunda em Jesus Cristo. Gn 45,7-8: "Deus me enviou adiante de vós para assegurar a permanência de vossa raça na terra e salvar vossas vidas para uma grande libertação. Assim, não fostes vós que me enviastes para cá, mas Deus, e Ele me estabeleceu como pai para o faraó, como senhor de toda a sua casa, como governador de todas as regiões do Egito".

Quantas "feridas" e quantos "Josés" Deus permitiu em nossa vida!

Assim Jacó entra no Egito, aonde o povo vai crescendo e se desenvolvendo durante 400 anos.

Oração

Vamos silenciar e relembrar uma situação de sofrimento em nossa vida que mais tarde se tornou motivo de graça e depois agradecer a Deus, dizendo: Obrigado, Senhor, porque me fez trilhar o caminho da libertação.

1.7

Moisés, chamado por Deus

Apresentação

Depois da morte de José os faraós nem se lembravam mais dele. Deus se cala por 400 anos. A situação se torna caótica. Os israelitas se tornam escravos e o povo começa a crescer tanto que o faraó fica com medo de uma revolta. Decreta a morte de todos os meninos. Depois disso Deus aparece de novo. Um menino é colocado numa cestinha e foi salvo. Ele se chama Moisés, quer dizer, salvo das águas. A filha do faraó encontra o menino e assim Moisés cresce na casa do faraó.

Quando se tornou adulto Moisés percebeu a opressão do seu povo, e assim, num certo dia, ele mata um egípcio que estava brigando com um hebreu. Depois, num outro dia, tentou reconciliar dois hebreus e percebe que deve fugir porque o fato se tornou conhecido. Ele foge para Madiã e casa com a filha de Jetro.

Um dia Deus lhe aparece através de uma sarça ardente que não se consome. Foi o momento em que Moisés tomou consciência de sua vocação, o chamado de Deus. Ele ouve uma voz que lhe diz: "Tira as sandálias, porque este lugar onde estás é uma terra sagrada". Deus disse: "Eu vi, eu vi a miséria do meu povo que está no Egito. Ouvi o seu clamor por causa dos seus opressores, pois eu conheço as suas angústias. Por isso desci a fim de libertá-lo da mão dos egípcios e para fazê-lo subir daquela terra a uma terra boa e vasta, terra que mana leite e mel. Moisés perguntou: "Como é seu nome?" Deus responde: Eu Sou Aquele que Sou (Eu sou aquele que você vai conhecer através daquilo que farei).

Em nossa vida existe uma entrada decisiva de Deus. É um momento que precisamos ver. Ele tomou uma decisão e executou-a em nosso favor. Sem esta decisão não estaríamos aqui. Foi Deus que assumiu nossa vida. É importante fazer a experiência de se deixar conduzir por Deus e experimentar uma vida nova.

Proclamação da Palavra de Deus

Ex 3,1-20; 4,1-17; 9,34; 12,1-14; 12,26-27; 13,1-3.14; 14,15–15,1

Sugestões de partilha

Ex 3,2: "O anjo de Iahweh lhe apareceu numa chama de fogo, do meio de uma sarça, e Moisés olhou, e eis que a sarça ardia no fogo, e a sarça não se consumia".

Aquele que se encontrou com Deus não é mais a mesma pessoa; seu coração queima de amor, como a sarça ardente. Ele toma consciência de sua vocação, o chamado de Deus. Foi o que aconteceu com Moisés e acontece com cada um de nós.

- Já tive um encontro com Deus? Quando?
- O contato com a Palavra de Deus está me ajudando a fazer de cada encontro uma tomada de consciência da minha vocação cristã?

Ex 3,10: "Vai, pois, e eu te enviarei ao faraó, para fazer sair do Egito o meu povo, os israelitas".

Moisés não acolhe de imediato sua missão. Questiona e argumenta, dizendo não ser a pessoa capacitada para esta missão. Precisou se libertar do medo e da insegurança.

- De que libertação eu necessito hoje?
- De que maneira?

Ex 3,12: "Deus disse: 'Eu estarei contigo; e este será o sinal de que eu te enviei [...]'".

Moisés levava nas mãos uma vara, sinal de que Deus estava com ele.

- Quais os sinais que têm me levado a perceber, no dia a dia, a presença de Deus comigo?
- Qual é o sinal concreto que permite que outros possam identificar a presença de Deus em mim?

Ex 3,14: "Disse Deus a Moisés: 'Eu sou Aquele que É [...]".

Eu sou aquele que é significa: Eu sou aquele que você vai conhecer através daquilo que faço.

- Coloco Deus em primeiro lugar na minha vida, a começar pela oração da manhã, experimentando a sua bênção nos meus afazeres e nos acontecimentos?
- Partilho com meu próximo as maravilhas que Deus realiza nos acontecimentos do dia a dia, ajudando-o a conhecer melhor a Deus?
- É possível ver a ação de Deus em minha família?

Ex 3,19: "Eu sei, no entanto, que o rei do Egito não vos deixará ir, se não for obrigado por mão forte".

Faraó é o rei do Egito que manda no povo. Ele quer ver o povo escravo. Deus quer ver o povo livre.

- Quem é meu faraó? Ou seja, quem manda na minha vida? O vício do cigarro, o sexo, o medo, o nervosismo, o meu mau humor, a preocupação com o dia de amanhã, a preguiça, a TV?
- De quem sou escravo hoje?
- O que tenho feito e faço para me libertar dessa escravidão?

Ex 9,34: O faraó, porém, vendo que tinham cessado a chuva, as pedras e os trovões, continuou a pecar, e endureceu o seu coração, ele e os seus servos.

- Estou atento às oportunidades que Deus me dá para mudar de vida? Ou permaneço com o coração duro como o faraó?

Ex 12,3.11-14: "Falai a toda comunidade de Israel dizendo: Aos dez deste mês, cada um tomará para si um cordeiro por família, um cordeiro para cada casa [...] comê-lo-eis às pressas: é uma Páscoa para Iahweh. E naquela noite eu passarei pela terra do Egito e ferirei todos os primogênitos [...]. O sangue, porém, será para vós um sinal nas casas onde estiverdes: quando eu vir o sangue, passarei adiante e não haverá entre vós o flagelo destruidor, quando eu ferir a terra do Egito. Este dia será para vós um memorial, e o celebrareis como uma festa para Iahweh; nas vossas gerações a festejareis; é um decreto perpétuo".

Páscoa é a passagem de Deus, que tirou o povo da escravidão.

- Em que situação experimentei, fortemente, a passagem de Deus me tirando da escravidão? (aquilo que antes me dominava e oprimia).

Ex 12,26-27: "Quando vossos filhos vos perguntarem: 'Que rito é este?', respondereis: 'É o sacrifício da Páscoa para Iahweh, que passou adiante das casas dos israelitas no Egito, quando feriu os egípcios, mas livrou as nossas casas'. E o povo se ajoelhou e se prostrou".

- Quando o meu filho amanhã me perguntar por que tem que ir à missa e por que eu sou cristão, o que eu responderei? Já contei aos meus filhos os prodígios que Deus fez em minha vida? (cf. 13,14).
- Tenho consciência da resposta que devo dar a eles?

Ex 14,21-22: "Então Moisés estendeu a mão sobre o mar. E Iahweh, por um forte vento oriental que soprou toda aquela noite, fez o mar se retirar. Este se tornou terra seca, e as águas foram divididas. Os israelitas entraram pelo meio do mar em seco; e as águas formaram com um muro à sua direita e à sua esquerda".

Deus abre um caminho no meio das águas.

- Em que momento difícil da minha vida, sem solução aos meus olhos, Deus veio abrir um caminho para mim? Ou seja, Deus veio em meu auxílio e permitiu que eu atravessasse esta difícil situação a pé enxuto (sem me machucar)?
- Já vi a mão poderosa de Deus nos acontecimentos?

Ex 14,30-31: "Naquele dia, Iahweh salvou Israel das mãos dos egípcios, e Israel viu os egípcios mortos à beira-mar. Israel viu a proeza realizada por Iahweh contra os egípcios. E o povo temeu a Iahweh, e creram em Iahweh [...]".

- Creio que Deus tem poder de me libertar de toda escravidão, de todo mal? Temo a Deus como Senhor da minha vida?
- Ou ainda me encontro no Egito, escravo de muitos caprichos e vícios, não tendo condição de testemunhar o poder de Deus, por ser ainda escravo(a) do faraó?
- Qual é a minha postura diante de Deus?

Atualização

Moisés recebe a missão de salvar o seu povo, deve ir ao deserto para render culto a Deus. Porque é gago, recebe a ajuda do seu irmão Aarão. Através de uma série de prodígios, Deus mostra que está com Moisés. Passou o anjo de Iahweh, matando todos os primogênitos dos egípcios e poupando todas as casas dos hebreus. Deus rompe em favor do seu povo este círculo de escravidão que prende o povo. Humanamente falando é impossível que alguns escravos, que eram a base da economia nacional, deixem livremente o país. Deus manda que celebrem esta Páscoa, a passagem de Deus, que tirou o seu povo da escravidão, com os rins cingidos e com pressa.

O povo sai da escravidão do Egito e inicia um caminho de libertação. São conduzidos por Moisés. Deus não os fez sair pelo caminho mais curto, porque achara que diante dos combates o povo poderia se arrepender e voltar para o Egito. Realmente, depois que o faraó caiu em si, arrependeu-se: "Quem fará para nós os tijolos e as construções das casas?" Ele organiza o seu exército e vai procurá-los, para obrigá-los a voltar! Já se ouvem os ruídos dos carros. E o povo se revolta: "Não havia talvez sepulturas no Egito, e por isso nos tiraste de lá para morrermos no deserto?" Moisés recorreu a Deus e este lhe diz: "Toca com a vara o mar e as águas se abrirão para que possam passar". E assim aconteceu. O mar se abre. Deus abre um caminho no meio das águas, símbolo da morte. Todo o povo passa. De manhã, quando o exército dos egípcios se encontrava no mar, as águas se fecharam. Esta é a noite, a Páscoa, a passagem de Iahweh. Nesta noite Iahweh passou com a mão poderosa e o braço estendido para libertar o seu povo. Deus se cobriu de glória e destruiu o inimigo, lançou no mar cavalo e cavaleiro.

Oração

Senhor, Deus de bondade, que quer a liberdade de todos os teus filhos, ouvi também o meu grito de liberdade. Livrai-me do peso dos meus pecados e vícios e de toda falta de segurança e confiança que me impedem de caminhar rumo a terra e vida nova que o Senhor prometeu.

Observação

Oportunamente pode se inserir neste momento uma celebração. Sugerimos a Celebração da Entrega da Palavra, que se encontra na parte III deste livro.

1.8

Deserto, lugar de formação do povo de Deus

Apresentação

Depois da passagem pelo Mar Vermelho o povo está livre da escravidão do Egito. É um passado que não se pode repetir e nem esquecer. Mas o povo ainda não está acostumado a assumir a própria história. Qualquer coisa que acontece, ele joga a culpa em Moisés e em Deus. O povo se encontra agora no deserto e não sabe por onde caminhar. Mas Deus vai à frente como uma nuvem de dia e uma coluna de fogo à noite. Quando Ele para, o povo para também.

Mas logo começam as dificuldades. O povo quer pão e não tem pão no deserto. Começa a murmuração. E Deus dá o maná. Mais tarde estão cansados de pão e estão se lembrando das cebolas do Egito e querem carne. E Deus manda codornizes. Depois estão com sede e querem água imediatamente. E até Moisés perde a paciência com o povo e pergunta: "Vocês não enxergam o que Deus fez até agora". Moisés foi novamente a Deus, que lhe pede para dar um golpe com a vara na rocha. Parece que até Moisés duvidou e bateu duas vezes, e por isso também ele não entrou na terra prometida.

O deserto é um tempo de penúria, é o tempo onde o povo foi gerado e nasceu como povo de Deus. O deserto não é um fim em si, um ideal de vida, mas é uma passagem, é para reviver e renovar a consciência da vida, é um tempo privilegiado, onde aprendemos a nos alimentar só com o necessário e procurar a fonte da verdade da nossa vida. O deserto é apenas um meio para nos converter em vista do Messias que vem.

Este encontro convida a todos a refletirem sobre a presença de Deus na sua vida, principalmente nos momentos difíceis. Todos estão convidados a enxergar como Deus cuida com muito carinho de cada um e a perceber que as dificuldades são, muitas vezes, o caminho, por excelência, para experimentarem o amor de Deus. Apesar disso continuamos escolhendo, tantas vezes, a morte e não a vida. É uma luta contínua entre cada um de nós e Deus.

Proclamação da Palavra de Deus

Ex 13,21-22; 16; 17,1-7; Nm 20,1-13

Sugestões de partilha

Ex 13,21-22: "E Iahweh ia adiante deles, de dia numa coluna de nuvem, para lhes mostrar o caminho, e de noite numa coluna de fogo, para os alumiar [...]".

A nuvem e o fogo são sinais da presença de Deus, que não abandona o povo no deserto (momentos de dificuldades e sofrimentos), na caminhada.

- Já descobri a nuvem luminosa ou a coluna acesa da presença de Deus?
- Em que situação de escuridão (dificuldades ou sofrimentos) pude perceber a presença de Deus me guiando e me conduzindo?
- Por meio de quais sinais percebi Deus adiante de mim?

Ex 16,19: "[...] ninguém guarde para a manhã seguinte". "Mas eles não deram ouvidos a Moisés, e alguns guardaram para o dia seguinte; porém deu vermes e cheirava mal".

Certas coisas como: mágoa, raiva, falta de perdão, preocupação, avareza, não devemos guardar para o dia seguinte, para que não acordemos mal-humorados, tristes..., deixando de transmitir a paz e a alegria aos que nos rodeiam.

- Olhando para minha vida, meu casamento, o que tenho guardado para o dia seguinte e percebo que está "cheirando mal"?
- O meu egoísmo tem me permitido olhar somente para as necessidades de minha família, acumulando coisas que poderia partilhar num sentido mais amplo?
- Quais são as necessidades da minha comunidade? Em que poderia contribuir?

Ex 16,22-24: "[...] Eis o que disse Iahweh: Amanhã é repouso completo, um santo sábado para Iahweh. Cozei o que quiserdes cozer, e fervei o que quiserdes ferver, e o que sobrar, guardai-o de reserva para a manhã seguinte, como Moisés ordenara; e não cheirou mal e nem deu vermes".

Deus pede para guardarmos para o dia seguinte (sábado) a sobra, a reserva do dia anterior, ensinando-nos a importância de não nos preocuparmos em trabalhar para ter o que comer e beber no dia do Senhor. Já não somos mais escravos, Deus nos dá o direito do descanso, de reconhecê-lo como nosso único Senhor.

- Vejo e respeito o dia do Senhor como um dia de descanso, ou procuro adiantar o serviço a ser realizado na semana?
- Fico guardando coisas para a velhice e nunca vivo despreocupado e feliz?
- Como está minha fidelidade a Deus tão presente na minha vida?
- Procuro conviver com minha família, ou fazer uma visita a alguém que não vejo há muito tempo?

Ex 16,32: "Disse Moisés: "Eis o que Iahweh ordenou: Dele enchereis um gomor e o guardareis para as vossas gerações, para que vejam o pão com que vos alimentei no deserto, quando vos fiz sair do país do Egito".

No deserto, o povo de Israel foi alimentado pelo maná. Hoje Deus continua nos alimentando no deserto da vida com o pão espiritual. É esta fé naquele que nos dá força e esperança que devemos transmitir de geração em geração.

- Sou cristão? Quando tomei consciência disso?
- Guardo a minha fé e procuro transmiti-la aos meus filhos?
- Hoje posso dormir em paz, na certeza de que estou transmitindo os valores essenciais de vida para minha geração?

Ex 17,3: "[...] Por que nos fizestes subir do Egito, para nos matar de sede a nós, a nossos filhos e a nossos animais?"

- Quantas vezes nós nos encontramos, como o povo de Israel, no deserto, e nos revoltamos contra certos acontecimentos?
- Reconheço-me nesta situação de murmuração ou revolta?

Ex 17,7: "E deu àquele lugar o nome de Massa e Meriba, por causa da discussão dos israelitas e porque colocaram Iahweh à prova, dizendo: Está Iahweh no meio de nós ou não?"

- Alguma vez já duvidei da presença de Deus comigo?
- Onde e quando passei em Massa e Meriba na minha vida? Quando experimentei o maná?

- Quando duvidei do poder de Deus, como Moisés? (Nm 20).
- Estou atravessando o deserto ou estou parado?
- Quais são os meus murmúrios hoje?

Atualização

Para salvar a humanidade Deus segue um caminho. Escolhe primeiro um povo que Ele começa a formar com muito carinho no deserto. Ele fala e vem ao encontro do homem, dando-se a conhecer no diálogo, o que mostra a importância da Palavra de Deus dirigida ao homem.

> O mistério da Aliança exprime esta relação entre Deus que chama através da sua Palavra e o homem que responde, sabendo claramente que não se trata de um encontro entre dois contraentes iguais. Aquilo que designamos por Antiga e Nova Aliança não é um ato de entendimento entre duas partes iguais, mas puro dom de Deus. Por meio deste dom do seu amor, Ele, superando toda a distância, torna-nos verdadeiramente seus "parceiros", de modo a realizar o mistério nupcial do amor entre Cristo e a Igreja. Nesta perspectiva todo homem aparece como o destinatário da Palavra, interpelado e chamado a entrar, por uma resposta livre, em tal diálogo de amor. Assim Deus torna cada um de nós capaz de escutar e responder a Palavra divina. O homem é criado na Palavra e vive nela; e não se pode compreender a si mesmo, se não se abre a este diálogo. A Palavra de Deus revela a natureza filial e relacional da nossa vida[10].

Um fato concreto nos ajuda a entender: uma mulher partilhou com a comunidade a sua experiência sobre a presença de Deus na sua vida como uma coluna de nuvem de dia e a coluna de fogo de noite (Ex 13,21-22). Um tempo atrás ela perdeu um filho. A partir deste sofrimento ela percebeu a presença de Deus na sua vida, porque não consegue esquecer seu filho nem de dia nem de noite. Deus se tornou Deus, na sua vida, porque Ele pôde pedir tudo da sua vida e ela aceitou. Para não ficar desesperada e se perder na tristeza ela é obrigada a olhar sempre na direção de Deus, e nunca se esquecer que Deus deu o seu filho somente por um tempo. A morte dele se tornou o sinal visível da presença do amor de Deus para sempre.

Quando o povo chega ao Sinai, Moisés sobe na montanha e recebe a Lei, ou seja, os dez mandamentos. Mas o povo se desvia novamente e constrói um ídolo: um bezerro de ouro, pensando que foi com o seu dinheiro, com as forças humanas que conseguiu sua liberdade. O povo tem memória curta.

Será que nos sofrimentos, tribulações, percebemos a mão forte de Deus em nossa vida? Hoje, quando temos sede, em que fonte procuramos água?

---

10. BENTO XVI. *Exortação apostólica pós-sinodal* Verbum Domini. Op. cit., n. 22.

Na fonte cristalina, Deus, ou não? A caminhada do povo de Deus é marcada por momentos de fraquezas, de fidelidade e confiança no Deus da vida. O deserto, portanto, significa o lugar de tomadas de posição a favor ou contra Deus.

Oração

Vamos fazer, espontaneamente, nossas orações destacando as experiências de vida onde experimentamos a mão de Deus nas dificuldades. Após cada oração digamos:

- Por me amparar com mão forte nas dificuldades, sou grato, Senhor!

1.9

Aliança, sinal do amor de Deus

Apresentação

A Bíblia toda não é outra coisa a não ser o livro da Aliança. É o tema central. Tudo gira em torno da "Aliança de Deus com os homens". Israel é o povo da Aliança. Deus quer este povo para si.

A aliança não é somente ou simplesmente um contrato. Deus se comprometeu com o povo, independentemente da fidelidade do povo. É mais que um contrato. Ele não volta para trás. Deus fez várias vezes uma aliança.

- Depois do dilúvio, a aliança com Noé, com o arco-íris (Gn 9,9-13).
- Com Abraão, e deu como sinal a circuncisão (Gn 17).
- Com Moisés Ele fez uma aliança. "Vós mesmos vistes o que eu fiz aos egípcios, e como vos carreguei sobre asas de águia e vos trouxe a mim" (Ex 19,4).

Deus dá uma palavra, uma lei: Os dez mandamentos. Ele quer que este povo guarde para sempre esta palavra. Quando o povo observa a aliança, ele ganha e vence as batalhas. Hoje também, quando Deus vai na frente, vencemos tudo na vida. Para Israel esta palavra é a sua constituição. Ela é muito importante para o povo nunca mais voltar para a terra da escravidão.

O livro da Aliança é muito antigo e nasceu aos poucos. Novas gerações que não tinham participado do êxodo nem conheciam o começo da história foram se juntando. Ao longo dos anos, o grupo de Moisés foi crescendo. A Bíblia fala de 600.000. Nem caberia no Deserto do Sinai. Eles são os romeiros de todos os tempos até hoje. Nós somos hoje o povo de Deus. "Também sou teu povo, Senhor, e estou nesta estrada." Para não perder a memória e guardar esta história o povo começou a celebrar o seu passado. Era como se eles mesmos estivessem saindo do Egito, andando pelo deserto, chegando ao pé do Sinai para renovar a aliança. O livro da aliança é como o roteiro de uma grande celebração. O primeiro momento então é lembrar a própria caminhada[11].

Os dez mandamentos são como um grande quadro pendurado na parede da vida. O prego que o sustenta é a afirmação de Deus que diz: "Eu sou Javé, teu Deus, que te fez sair da terra do Egito, da casa da escravidão!" (Ex 20,2). É como uma chave que nos abre o sentido. Deus invoca sua autoridade como Libertador. É o caminho para nunca mais voltar a viver na escravidão e conservar a liberdade conquistada. O povo se prepara para a festa e se purifica, porque o mesmo Deus que liberta se faz presente no meio do povo. Todos se arrumam para participar da grande Festa da Páscoa onde eles são os convidados de Deus. É preciso prestar atenção para ouvir o que Deus tem a nos dizer. É importante criar uma atitude de escuta da Palavra de Deus presente na vida. Toda a Palavra de Deus está resumida nos dez mandamentos.

Os dez mandamentos da Lei de Deus são:

Amar a Deus sobre todas as coisas.

Não tomar seu santo nome em vão.

Guardar domingos e festas.

Honrar pai e mãe.

Não matar.

Não pecar contra a castidade.

Não furtar.

Não levantar falso testemunho.

Não desejar a mulher do próximo.

Não cobiçar as coisas alheias.

Este encontro ajuda a descobrir como o amor de Deus é o fundamento e dá sentido a nossa vida. Os mandamentos são o caminho que nos leva à liberdade e à verdadeira felicidade.

Proclamação da Palavra de Deus

Ex 19–20

---

11. Cf. MESTERS, C. *Bíblia da Aliança* – Êxodo 19–24. São Paulo: Paulinas, 1986.

Sugestões de partilha

Ex 19,4: "Vós mesmos vistes o que eu fiz aos egípcios, e como vos carreguei sobre asas de águia e vos trouxe a mim".

- Quando Deus me carregou sobre asas de águia?

Ex 20,1-15: "Eu sou Iahweh teu Deus [...]. Não terás outros deuses diante de mim [...]".

- Quem é meu Deus hoje? Será que o dinheiro salva o meu casamento e dá felicidade aos meus filhos? Que ídolo me domina hoje? Comodismo, murmuração?
- Eu tenho somente um Deus na minha vida, guardando a sua Palavra e colocando-a em prática?

Ex 20,7: "Não pronunciarás em vão o nome de Iahweh teu Deus [...]".

Não adianta dizer que Deus é o Senhor da minha vida se não me deixar transformar pela sua Palavra. Falar de Deus e não viver é tomar seu santo nome em vão.

- De que maneira estou vivendo este mandamento? Eu faço o que ensino?
- Costumo pronunciar o nome do Senhor em vão?

Ex 20,8-11: "Lembra-te do dia do sábado para santificá-lo [...]".

Deus quer que eu guarde esta Palavra para que nunca mais eu volte à escravidão dos meus próprios caprichos.

- Para mim o sábado (ou domingo) é dia de participar da Eucaristia, independente de qualquer outro compromisso?
- O domingo tem sido um dia diferente, em que reservo um tempo maior para minha família?
- Como celebro o domingo na minha família?

Ex 20,12: "Honra teu pai e tua mãe para que se prolonguem os teus dias na terra [...]".

- Se não respeito pai e mãe, onde está o sentido da vida? Rezo por eles? Valorizo o que eles fazem ou fizeram por mim?
- Exijo respeito do meu filho(a)? Ou já me acostumei a conviver com suas más criações?

- Respeito as limitações, a maneira de ser de meus pais? Acho que a opinião deles já é ultrapassada?

Ex 20,13: "Não matarás".

- Tenho matado a alegria do meu filho ao vir me contar algo, ou mostrar um caderno escolar... ao lhe dizer: agora não tenho tempo, deixa para depois?
- Tenho, por falta de humildade, matado a oportunidade de crescer como pessoa por me achar sempre dono da razão?
- Permiti aborto? Eutanásia? O que a Igreja pensa a respeito destes assuntos?

Ex 20,14: "Não cometerás adultério".

Todo cristão deve valorizar e respeitar seu corpo, templo do Espírito Santo.

- O que ajuda e o que atrapalha a fidelidade conjugal?
- Como pais, ensino a meus filhos o caminho da castidade e da virgindade?
- Mostro o caminho da prudência e do auxílio da graça de Deus para vencer dificuldades?

Ex 20,15: "Não roubarás".

Cada vez que deixo de incentivar alguém a colocar Deus em primeiro lugar, roubo-lhe a oportunidade de ser verdadeiramente feliz.

- Incentivo e ajudo minha família a colocar Deus em primeiro lugar? Ou tenho roubado-lhes a oportunidade de aprender a ser responsável nas coisas de Deus?
- Roubo meu irmão cada vez que empresto algo e não devolvo, ficando com aquilo que não me pertence?

Ex 20,16: "Não apresentarás um falso testemunho contra o teu próximo".

Não devemos julgar, mas sim amar o nosso próximo.

- Tenho hábito de julgar precipitadamente?
- Eu dou ouvido quando falam ou fofocam de uma pessoa?

Ex 20,17: "Não cobiçarás a casa do teu próximo, não cobiçarás a sua mulher [...] nem coisa alguma que pertença a teu próximo".

A verdadeira felicidade está na própria casa (na família).

- Até quando me deixarei enganar, querendo muitas vezes buscar a felicidade tão longe, vivendo assim na escravidão?
- Tenho inveja, ciúmes das coisas do próximo?
- Qual dos dez mandamentos é para mim o mais difícil de cumprir?

Atualização

Os dez mandamentos se dirigem a cada indivíduo, mas na realidade é o povo como um todo que deve observá-los. Quem quer ser do povo de Deus deve romper com o sistema do faraó e dos reis que usam a religião como um meio para oprimir e explorar. Ninguém pode servir a dois senhores. Vocês não podem servir a Deus e ao dinheiro. Jesus combateu a falsa imagem de Deus, divulgada pelos maus fariseus. Imagem que oprimia o povo. Jesus resgatou a única imagem verdadeira de Deus, que é o próprio ser humano, o próximo, criado à sua imagem e semelhança. Ele manda amar o próximo e dar a vida pelo irmão. Jesus não dobrou os joelhos diante dos poderes nem diante das imagens do poder. Ele ficou devendo só ao Pai e só a Ele adorava.

"Eu sou Iahweh, teu Deus, que te fez sair da terra da escravidão. Eu sou seu único Deus!" Se quiser ter outros deuses, você escolhe. Será que é o dinheiro que garante a liberdade de alguém, que salva os casamentos e dá felicidade aos filhos? Quem é o seu Deus hoje?

Não pronunciar o nome de Deus em vão. Quantos homens foram mortos em nome de Deus nas guerras santas. Na guerra santa há só perdedores. Existe muito autoritarismo em nome de Deus. Em nome da liberdade, igualdade e fraternidade, o lema da Revolução Francesa e da França até hoje, muitos foram assassinados. Na história do mundo muitas pessoas foram assassinadas só porque eram um pouco diferentes.

Santificar o dia do Senhor. No Egito não havia descanso. Quem não produzia mais, caía fora. O descanso semanal é para nos lembrar o que Deus fez no passado. Santificar o dia do Senhor para nunca mais voltar para a escravidão dos nossos próprios caprichos. O que está acontecendo hoje? O domingo é para mim um dia de descanso e para valorizar a minha família? Ou um dia para ganhar mais ainda? Obrigo outros, por exemplo, a empregada, a trabalhar nos domingos? No meio dos judeus ainda hoje se afirma: "Não é

Israel que guarda o sábado; é o sábado que guarda Israel"[12]. Isso quer dizer que, sem o sábado, Israel não seria mais Israel.

Honrar pai e mãe. Na terra da escravidão é o faraó que manda sobre a vida e a morte. Mas Deus quer a família como base da sociedade. É uma autoridade descentralizada. Se não respeitamos mais pai e mãe, onde está o sentido da vida?

Não matar. Hoje matar faz parte do sistema: aborto, eutanásia, drogas etc. Existem grupos de extermínio. A morte está tão perto através da violência, fome, doenças.

Não cometer adultério. O povo da Bíblia vai descobrindo que a sua vida de comunhão com o outro passa pela justiça, pelo respeito e fidelidade. Ser fiel a Deus implica colocar toda a potencialidade, a sexualidade humana a serviço da construção da vida em plenitude. Ser fiel a Deus passa pela fidelidade ao ser humano.

Não roubar. Não é só uma lei individual, é uma lei para todo o povo, para o governo. Na época das eleições eu estou preocupado em votar em candidatos que estão realmente preocupados com a justiça?

Não levantar falso testemunho. Eu estou disposto a contribuir com um sistema judiciário justo?

No tempo de Jesus a antiga aliança não tinha mais força. O sinal da decadência era a presença maciça de marginalizados no meio do povo. O antigo sistema do faraó entrou novamente de uma forma disfarçada. Jesus reagiu e também morreu por isso.

Ele vem com uma nova proposta: as bem-aventuranças. Jesus vem completar o que está faltando. Veio dar o seu sangue para a nova e eterna aliança. Esta é a justiça de Deus. A vida consiste em dar a vida para o outro, como Jesus fez. Ou não vale a pena? É o sentido da nova aliança no sangue de Jesus. Este é o Evangelho, a Boa-nova. Quem crê em mim está salvo, quem não crê já está condenado (Jo 3,16-18).

Oração

Ó Deus, que é o Senhor da vida, abri meu coração e faça-me entender que só em tua palavra se encontra o caminho da vida.

---

12. CNBB. *Com adultos, catequese adulta.* Op. cit., p. 34.

1.10

ALGUMAS PESSOAS IMPORTANTES: JUÍZES, REIS E PROFETAS

Apresentação

Depois da entrada e da conquista da terra prometida, o povo de Deus é guiado por líderes, que se chamavam juízes. Mas o povo não se contentava com isso e queria um rei. O mais importante deles é o Rei Davi. Ele foi chamado por Deus. Foi um rei muito grande, embora tivesse muitas falhas e fraquezas, mas foi o mais fiel a Iahweh, e procurou servi-lo com todo o seu coração. Foi grande porque foi humilde. Tinha um senso muito grande de Deus, que via presente em todos os acontecimentos. Ele é uma prefiguração do futuro Messias. A aliança de Deus se realiza nele de maneira concreta. O próprio Jesus é o "filho de Davi", mas Davi mesmo o chamou de "Senhor" (Sl 110; Mt 22,45).

Salomão é o sucessor de Davi, é um homem sábio e muito rico, mas não soube usar bem a sua sabedoria. Foi um comerciante e, através de casamentos, inspirados não pelo amor, mas pela sua política, conseguiu construir um grande reino. Mas quando morreu o país estava dividido por motivos de revolta.

Todas as nações têm seus poderosos políticos e seus profetas. A profecia nasce na história da vida e não da imaginação. O profeta é alguém que tem o senso de justiça, solidariedade e espiritualidade. O homem espiritual enxerga Deus.

Na Bíblia há três momentos muito fortes: contar o passado, mostrar o momento presente e anunciar o futuro. Estes três momentos indicam que a fonte da nossa fé é a Palavra viva de Deus. Bebemos dessa fonte quando proclamamos ou ouvimos com fé a Palavra de Deus.

Este encontro pretende conscientizar todos a não ficarem surdos e cegos diante de algumas pessoas especiais que Deus coloca em nosso caminho.

Estas pessoas têm uma missão real, sacerdotal, profética para alertá-los ou encaminhá-los. Elas nos ajudam a tomar consciência da nossa tríplice missão recebida no batismo, a qual só é realizada com êxito se tivermos constante intimidade com Deus, tendo-o como nossa única riqueza.

Proclamação da Palavra de Deus

1Sm 16,1-13; Ez 33,1-9; Dt 18,9-22

Sugestões de partilha

1Sm 16,1-2: "Iahweh disse a Samuel: 'Até quando continuarás lamentando Saul, quando eu próprio o rejeitei, para que não reine mais sobre Israel? [...]' Samuel replicou: 'Como posso ir? Saul me matará se ficar sabendo!'"

Sem conhecimento da Bíblia não há noção do bem e do mal. Samuel é medroso, como foi diante de Eli (1Sm 3,17). Como vou falar que ele vai morrer?

- Prefiro ficar na ignorância religiosa porque é mais fácil?
- Eu tenho coragem para falar sempre a verdade ou sou medroso e não quero problemas com ninguém?

1Sm 16,7: Não te impressione a sua aparência nem a sua elevada estatura: eu o rejeitei. Não se trata daquilo que veem os homens, pois eles veem apenas com os olhos, mas Iahweh olha o coração.

- Eu tenho preconceitos?
- Quando foi a última vez que julguei alguém por preconceito, pela cor, *status*, aparência, dinheiro...?

Ez 33,7: "Ora, a ti, filho do homem, te pus como atalaia para a casa de Israel. Assim, quando ouvires uma palavra da minha boca, hás de avisá-los de minha parte".

Profeta é alguém importante chamado por Deus para falar em seu nome. Cada um de nós, enquanto faz parte da Igreja, participa da missão profética.

- O que tenho feito com a Palavra de Deus que tenho recebido através destes encontros?
- Tenho guardado apenas para mim? Ou tenho partilhado com minha família, amigos?

Ez 33,8: "[...] Quando eu disser [...] e tu não o desviares do seu caminho ímpio, o ímpio morrerá por causa da sua iniquidade, mas seu sangue o requererei de ti".

- Com meu exemplo de vida já consegui trazer alguém de volta para Deus?
- Tenho ajudado as pessoas a enxergarem que os prazeres do mundo são migalhas diante do que Deus nos dá, quando o colocamos em primeiro lugar na nossa vida?

Ez 33,9: "[...] Se procurares desviar o ímpio do seu caminho, para que se converta, e ele não se converter do seu caminho, ele morrerá por sua iniquidade, mas tu terás salvo tua vida".

A morte está perto para quem está envolvido com drogas, aborto, violência, falta de cuidado com a sua saúde...

- Tenho anunciado a verdade ou me omitido diante de Deus?

Dt 18,10-11: "Que em seu meio não se encontre alguém [...] que pratique encantamentos, que interrogue espíritos ou adivinhos, ou ainda que invoque os mortos".

- Acredito em coisas relacionadas ao espiritismo, magia, horóscopo, as quais não são permitidas por Deus?

Dt 18,19: "Caso haja alguém que não ouça as minhas palavras, que este profeta pronunciar em meu nome, eu próprio irei acertar contas com ele".

- Aceito a Palavra e a mensagem do Evangelho e da Igreja, papa, bispos, padres, catequista, como palavra profética de Deus?

Dt 18,22: "Se o profeta fala em nome de Iahweh, mas a Palavra não se cumpre, não se realiza, trata-se então de uma palavra que Iahweh não disse [...] Não o temas!"

O profeta tem Deus como sua única riqueza, por isso fala com convicção.

- Eu tenho autoridade como cristão quando falo com amigos, colegas, filhos? Vivo como eu falo?
- Quem foi profeta em minha vida?

Atualização

Elias é um dos maiores profetas e também o representante deles, embora não tenha escrito nada. Cada um de nós, enquanto faz parte da Igreja, participa da missão profética. O profeta é alguém chamado por Deus para falar em seu nome. Ele participa de toda a dor do povo. Como cristão, como profeta da Igreja é preciso saber e entender o que está acontecendo hoje. Não interessa tanto o futuro. Jesus fala tanto sobre a inutilidade de se preocupar com o dia de amanhã. Muita gente fala e faz profecias sobre o futuro, quer saber o que vai acontecer, está preocupada com o futuro. Todos querem saber o que vai acontecer amanhã. Mas tão poucos conseguem enxergar o que está acontecendo hoje. O profeta é aquele que lê nas entrelinhas dos acontecimentos a vontade de Deus hoje. Importante é enxergar o que está acontecendo hoje para saber o que fazer amanhã.

Todos os profetas entraram no assunto da justiça. Todos foram chamados para pregar a necessidade de conversão.

Os profetas sempre nos lembram a intervenção de Deus na história da libertação do Egito. O povo de Deus é um povo da aliança. Os profetas não anunciam uma nova doutrina, mas vêm nos conscientizar que Deus abriu um caminho no passado e que é o mesmo Deus de sempre. Ele assume a defesa do pobre e pede das instituições religiosas a conversão. Por pior que seja a situação, o profeta anuncia a esperança e sempre encontra uma maneira de achar Deus agindo na história.

O próprio Deus é a fonte do profeta cuja voz ele escuta continuamente. Ele procura o discernimento em cada situação. Ele necessita de intimidade com Deus e com sua palavra para ver onde Deus está. Ele é pobre, porque depende totalmente de Deus, a quem tem como sua única riqueza.

Oração

Te pedimos, Senhor, para iluminar nossa missão de profetas conduzindo-nos a entender o que acontece ao nosso redor, a identificar a sua vontade nos acontecimentos e a nos fortalecer para anunciar os caminhos que conduzem a uma vida de justiça, paz e amor.

1.11

O MESSIAS, A ESPERANÇA DO POVO

Apresentação

A palavra Messias está bem ligada à figura de Davi. Deus prometeu cumprir sua promessa nos descendentes do Rei Davi. É uma promessa de Deus à casa de Davi (2Sm 7,21), guardada com toda pureza da fé e esperança como uma espera, nos círculos dos pobres, o "resto de Israel" (Is 4,3), que ficou aguardando a vinda do Messias na época de Jesus. Jesus é o verdadeiro ungido, o Cristo. A esperança que Ele suscita e anuncia para todo o povo é a essência da nossa fé.

Com este encontro queremos colocar nossa esperança no único Salvador que pode dar uma resposta ao desejo humano. Só em Jesus Cristo cumpre-se toda a escritura. Ele não é um profeta, Ele é o profeta, o Ungido de Deus.

Proclamação da Palavra de Deus

2Sm 7,1-17; Is 11,1-9; 61,1-2; Lc 4,17-22

Sugestões de partilha

2Sm 7,2: "Vê, eu habito numa casa de cedro e a arca de Deus habita numa tenda".

Um barraco, um presépio, pode ser palácio de Cristo.

- Estou aberto para perceber que a ação de Deus não está somente na minha pastoral, movimento, mas vai além?

2Sm 7,12: E quando os teus dias estiverem completos e vieres a dormir com teus pais, farei permanecer a tua linhagem após ti, aquele que terá saído das tuas entranhas, e firmarei a sua realeza.

- Que significa esta promessa para mim hoje?

Is 11,1: "Um ramo sairá do tronco de Jessé, um rebento brotará de suas raízes".

As origens, Jessé, são insignificantes, o tronco está cortado. Mas uma seiva perene, a promessa divina, vivifica essa cepa. Um ramo que sai do tronco de uma árvore produz vida e esperança. Vida e esperança ainda maior é aquela que sai do seio de uma família. Da descendência de Davi (filho de Jessé), Deus promete enviar o Messias, a esperança do povo.

- Creio no Messias fonte de toda esperança?
- Ou vivo desanimado, sem horizontes? Se não vejo a grandeza de Deus, ao menos em um ramo verde, em uma planta, como terei olhos para ver a esperança maior, Jesus, que vem ao meu encontro?
- Hoje, o que espero na minha vida?

Is 11,2: "Sobre ele repousará o espírito de Iahweh, espírito de sabedoria e de inteligência, espírito de conselho e de fortaleza, espírito de conhecimento e de temor de Iahweh".

- Eu confio naquele que tem a plenitude dos dons do Espírito Santo, também quando estou sofrendo ou passando por dificuldades. Ou prefiro continuar reclamando da vida?

Is 11,3-4: "No temor de Iahweh estará a sua inspiração. Ele não julgará segundo a aparência [...]".

O Messias vem nos ensinar a agir com a sabedoria de Deus e não com sabedoria humana.

- Em que momentos infelizmente me deixei seduzir pela sabedoria humana e acabei julgando, criticando, desvalorizando alguém?

Is 11,5: "A justiça será o cinto dos seus lombos e a fidelidade, o cinto dos seus rins".

- Quero ser justo e fiel a Deus?
- Quais exemplos tenho dado com o meu testemunho de vida?

Is 11,6-7: "Então o lobo morará com o cordeiro [...]".

O Messias vem trazer um reino de paz. Lobo é aquele que causa desarmonia.

- O que reina em meu lar? Mansidão, harmonia e paz? Ou reina discórdia, reclamações, falta de diálogo, mágoa...?
- Em minha casa tem lobo? Onde eu sou o lobo?

Is 11,8: "A criança de peito poderá brincar junto à cova da áspide [...]".

O Messias vem trazer a harmonia entre o ser humano e todos os seres vivos. Hoje as pessoas, de modo geral, não se preocupam em preservar a natureza, mas ameaçam destruí-la. Devemos usufruir dos recursos naturais, sem degradar.

- Que harmonia, qualidade de vida, segurança, espero deixar para os meus filhos, netos...? Qual é a minha contribuição para isso?

Is 11,9: "Ninguém fará o mal nem destruição nenhuma em todo o meu santo monte, porque a terra ficará cheia de conhecimento de Iahweh [...]".

O Messias vem revelar quem é Deus, fonte de todo bem.

- Eu e minha família estamos transbordando de amor e confiança em Deus?
- Sou portador da esperança, desviando as pessoas do mal? Sou um ungido de Deus?

Atualização

Quando cumprimos a nossa missão por obediência a Deus, normalmente não estamos agradando a ninguém. As preferências de Deus são diferentes das nossas. A unção significa a investidura em nome de Deus. Davi, a partir da unção, é uma pessoa sagrada, como foi Saul, a quem se deve todo respeito. A unção no sentido bíblico se refere à escolha de Deus de um povo para se manifestar. Esta escolha tem um alcance universal e se manifesta plenamente na eleição e na unção de todos em Jesus Cristo.

Quando Jesus inicia seu trabalho em Nazaré, diz que a Palavra se cumpriu nele: "Hoje se cumpriu aos vossos ouvidos essa passagem da Escritura" (Lc 4,21). É a partilha da Palavra. Quando Jesus Cristo nasce é o Verbo que se fez carne, a Palavra de Deus que se cumpre. A Palavra que se fez carne resume toda a esperança do povo de Deus. Os judeus esperam até hoje a realização desta Palavra.

Toda civilização ou cultura que não tem raízes, não tem ou perdeu seu conteúdo, mais cedo ou mais tarde cai e desaparece. Assim é a nossa fé. Ela é necessariamente política. Maria percebeu isso quando cantou o *Magnificat*. Muitos pensaram que Jesus iria tirar o poder. Mas Ele tirou muito mais que o poder, ele tirou as mentiras que sustentam qualquer ordem injusta ou mentirosa, em todos os níveis da vida, seja individual, comunitário ou em nível de nações.

O Messias é o resumo de toda esperança que se concretiza na entrega da vida de Jesus Cristo. Os profetas são ungidos e mantêm viva a esperança de alguém que vem em nome de Deus. Ele é o Ungido, o Messias, o Cristo.

Oração

Silencie e relembre o seu primeiro encontro com Jesus como nosso Salvador. Depois, repita por várias vezes em forma de mantra: Jesus, venha ao meu encontro!

1.12

MARIA E O NASCIMENTO DE JESUS

Apresentação

A vinda de Jesus marcou a história do mundo, e é ponto de referência. Em todos os momentos importantes da vida de Jesus, Maria estava presente. Ela o acompanhou em todas as situações de sua vida, do nascimento até a sua morte. Ele entrou corporalmente na história do mundo. Toda esta grandeza aconteceu por obra do Espírito Santo e ficou escondida aos olhos do mundo. Tudo foi revelado aos poucos. Não foi uma coisa que deixou todos de boca aberta.

Assim Maria é o caminho para chegar a Jesus Cristo que é o único salvador. Ela é um ícone, uma janela que nos mostra o seu filho. Não podemos falar de Maria sem falar de Jesus, mas também não podemos falar de Jesus sem falar de Maria. Os evangelhos nos levam a refletir sobre a vida da mulher que tem um papel muito importante para nossa salvação. A Bíblia nos mostra o lugar de Maria. Ela está intimamente ligada ao seu filho e também aos apóstolos (At 1,14). Ela não está fora da Igreja, ela está dentro. Por isso não podemos falar da Igreja sem falar de Maria. Ela faz parte dela.

Tudo o que a Igreja fala de Maria nos ajuda a entender Jesus Cristo. "Alegra-te, Maria, cheia de graça, o Senhor está contigo!" Ela foi preparada para ser a mãe de Jesus. Maria não entendeu tudo na hora, mas não foi boba, fez perguntas. Não foi uma encenação. O conteúdo dos evangelhos da infância e o que dizem a respeito de Maria é teológico e não histórico, e não é fácil para entender. Precisamos ler estes capítulos à luz da ressurreição do Senhor.

Somos convidados a olhar para Maria como uma mulher totalmente ligada a Jesus Cristo, em todos os momentos da vida. Por isso ela é imagem da Igreja.

Proclamação da Palavra de Deus

Lc 1,26-38; 2,1-20

Sugestões de partilha

Lc 1,28: "Entrando onde ela estava, disse-lhe: "Alegra-te, cheia de graça, o Senhor está contigo!"

- Quais são os acontecimentos da minha vida em que Deus me convida a alegrar-me e reconhecer que Ele está comigo?
- Eu já recebi uma vez na minha vida uma boa notícia? Quem foi o anjo?

Lc 1,29: "Ela ficou intrigada com essa palavra e pôs-se a pensar qual seria o significado da saudação".

Maria se pôs a pensar diante do que ouviu.

- Eu me coloco a pensar cada vez que ouço ou leio a Palavra de Deus?

Lc 1,30: "O anjo, porém, acrescentou: 'Não temas, Maria! Encontraste graça junto de Deus'".

Em Maria a graça de Deus se realizou plenamente.

- Tenho dado abertura ao plano de Deus para que a sua graça se realize também em minha vida?

Lc 1,31-33: "Eis que conceberás no teu seio e darás à luz um filho, e tu o chamarás com o nome de Jesus [...]".

O nome de Jesus significa "Deus salva".

- Creio no poder do nome de Jesus?
- Como mulher/marido, será que, como casal, somos fecundos um para o outro?

Lc 1,34: "Maria, porém, disse ao anjo: "Como é que vai ser isso, se eu não conheço homem algum?"

Maria perguntou, mas não duvidou de Deus.

- Já questionei Deus alguma vez na vida? Em que situação?

Lc 1,35: "O anjo lhe respondeu: 'O Espírito Santo virá sobre ti e o poder do Altíssimo te cobrirá com a sua sombra, por isso o santo que nascer será chamado Filho de Deus'".

Por obra do Espírito Santo, Maria concebe Jesus, o "Santo de Deus". Ele muda a vida dos que se abrem ao chamado de Deus.

- O que é santidade para mim?
- Eu participo da missão da Igreja, que é mãe, anunciando Jesus Cristo?

Lc 1,36-38: "Também Isabel, tua parenta, concebeu um filho na velhice, e este é o sexto mês para aquela que chamavam de estéril. Para Deus, com efeito, nada é impossível".

Deus realiza, constantemente, maravilhas em nossa vida.

- Pude experimentar alguma vez na vida, como Isabel, que para Deus nada é impossível?

Lc 1,38: "Disse, então, Maria: 'Eu sou a serva do Senhor; faça-se em mim segundo a tua palavra [...]'".

Maria dá o seu sim.

- Aceito a vontade de Deus em minha vida?

Lc 2,10-11: "O anjo, porém disse-lhes [...]. Nasceu-vos hoje um Salvador, que é o Cristo-Senhor [...]".

Jesus é a Palavra que se fez carne.

- Dou abertura para que Jesus nasça no meu coração e transforme a minha vida?
- Como casal, nós estamos abertos para as coisas de Deus? Na minha vida de esposo(a), amigo, no meu trabalho?

Lc 2,12: "Isto vos servirá de sinal: encontrareis um recém-nascido envolto em faixas deitado numa manjedoura".

Jesus se revelou na simplicidade e na pobreza.

- Tenho enxergado Jesus na criança de rua, no rosto sofrido do pobre? Em quais pequenos e simples sinais vejo Jesus?

Lc 2,13-14: "E de repente juntou-se ao anjo uma multidão do exército celeste a louvar a Deus, dizendo: Glória a Deus no mais alto dos céus e paz na terra aos homens que Ele ama!"

Jesus veio trazer a paz na terra.

- Vivo em paz comigo mesmo, com minha família, no ambiente de trabalho? Existe diálogo?
- O que faço para construir a paz no mundo?

Atualização

Maria está na linha de outras mulheres da primeira aliança: Ana, Rute, Sara, Judite, Ester, que prepararam a vinda do Senhor. Todas elas tiveram um papel especial na história da salvação. Maria aparece num momento decisivo da revelação. A ela foi anunciada a grande notícia, o Evangelho por excelência: "Alegra-te, Maria, cheia de graça, o Senhor está contigo!" Ela está presente em vários momentos nos evangelhos: nas bodas de Caná, até o final. Aos pés da cruz, a fé da humanidade está condensada numa única pessoa, Maria, que continuou acreditando. "Feliz és tu que acreditaste."

Ela está presente também ao pé da cruz que cada um de nós carrega na vida. Ela fez um caminho de fé. Vivemos num tempo em que é difícil guardar a esperança, mas nunca nenhuma mentira, individual, coletiva ou social, fica em pé para sempre. Toda mentira e injustiça têm perna curta. Maria experimentou esta verdade de Deus na história do seu povo sofrido e, por isso mesmo, pôde cantar: "Derrubou os poderosos de seus tronos e os humildes exaltou".

A Igreja celebra a Imaculada Conceição, virgem e mãe. Esta realidade em Maria nos convida a olhar com mais atenção para seu papel como mulher e mãe. Maria foi salva como todos nós, ela foi concebida sem pecado. A Igreja vê nisso que ela também precisou ser salva. Como Jesus é o segundo Adão, assim Maria é a segunda Eva. Nela começa a nova criação.

Na figura de Maria, virgem e mãe, vemos a missão da Igreja. Maria concebeu Jesus, filho de Deus, porque ficou totalmente disponível e aberta à vontade de Deus.

Celebrar Maria assunta ao céu é olhar com confiança para o nosso destino, para Maria, em quem a graça de Deus se realizou plenamente. O que Deus realizou em Maria Ele quer realizar também em nós. A verdadeira piedade e devoção mariana estão baseadas na Bíblia e na Tradição na Igreja e vale para todos os cristãos.

Oração

Ó Pai, te agradeço pela beleza e grandeza encontradas na mãe do vosso Filho. Peço que, por intercessão de Maria, vossa filha por excelência, possa caminhar também na obediência da vossa palavra e engrandecer o vosso nome.

Observação

Somos convidados neste momento para celebrar a inscrição do nome no livro da vida que se encontra na parte III deste livro. É um momento oportuno para assumir um compromisso maior com a comunidade.

1.13

O SERMÃO DA MONTANHA, IDEAL DO HOMEM NOVO

Apresentação

O Sermão da Montanha é um grande e longo discurso de três capítulos, que começa com as bem-aventuranças e continua com outras colocações. É um discurso de Jesus que nos coloca diante de muitas perguntas. Lendo estas palavras talvez nos desanimemos, pois parece-nos impossível seguir esta nova lei que vem completar a antiga. Se nem conseguimos cumprir a antiga, como seguir a nova? Será que o sermão é para uma elite?

O Sermão da Montanha mostra uma pintura do homem na visão de Jesus. O homem que corresponde às características das bem-aventuranças é como um ícone, uma janela, por onde passam o esplendor e a luz de Deus. No Sermão da Montanha encontramos a imagem do homem novo, o homem verdadeiramente feliz, bem-aventurado. É a fotografia que Jesus fez do homem novo[13].

Nestes três capítulos encontramos a prática de Jesus como fundamento da maneira de agir da Igreja. Ela deve ser coerente com a chegada do Reino do Céu. A base dessa prática é a justiça de Deus. Como consequência do anúncio e da sua prática, as multidões seguem Jesus. Sua missão não tem fronteiras. Jesus sobe ao monte, que é o lugar da habitação de Deus, e assume a posição de mestre. No Antigo Testamento o povo não se aproxima da montanha. Aqui os discípulos se aproximam. Em Jesus o divino e o humano se encontram. É Deus no meio de nós. É a Lei messiânica que gera a nova aliança. Em Jesus o Reino do Céu já chegou. O conteúdo do seu ensinamento é o Reino, semente da justiça que liberta a todos os que estão oprimidos e esmagados. Jesus os chama de felizes, bem-aventurados. Felizes os que assu-

---

13. Cf. JEREMIAS, J. *O Sermão da Montanha*. São Paulo: Paulinas, 1984.

mem a pobreza como um modelo alternativo de vida ao reino do mundo. É impossível servir a Deus e ao dinheiro (Mt 6,24). Essa opção gera a felicidade do Reino de Deus e leva o primeiro mandamento até a sua realização plena, que proíbe ter outros deuses (Dt 5,7).

Neste encontro anunciamos Jesus Cristo como o verdadeiro Mestre, o novo Moisés, que nos revela a plenitude da aliança e da lei (Palavra): uma pessoa nova com atitudes novas. O Sermão da Montanha é uma palavra que abre a janela e deixa a luz entrar.

Proclamação da Palavra de Deus

Mt 5–7; 5,1-16

Sugestões de partilha

Mt 5,3: "Bem-aventurados os pobres em Espírito, porque deles é o Reino dos Céus".

Pobres: são aqueles que não têm nada onde se apoiar, nem em coisas materiais, nem espirituais. Só lhes resta confiar em Deus.

- Sou uma pessoa em condição de possuir o Reino de Deus?
- O que tenho feito para me desapegar das coisas materiais e assumir a pobreza proclamada por Jesus?

Mt 5,4: "Bem-aventurados os mansos porque herdarão a terra".

Mansos: aqueles que estão iluminados pela sabedoria de Deus para defender os seus direitos e fazer uso do diálogo, sem violência.

- Tenho comigo a mansidão diante dos fatos da vida, demonstrando ser uma pessoa segura e confiante?
- Que herança deixo para os meus filhos?

Mt 5,5: "Bem-aventurados os aflitos porque serão consolados".

Aflitos: os que sofrem e têm sensibilidade pela dor do outro.

- Tenho depositado minha segurança em Deus diante das aflições que o mundo me coloca?
- Qual a barreira que impede que Deus haja em minha vida?

Mt 5,6: "Bem-aventurados os que têm fome e sede de justiça, porque serão saciados".

Justos são as pessoas empenhadas em construir o Reino de Deus.

- Tenho a preocupação de carregar sentimentos de justiça diante dos acontecimentos?
- Assumo minha responsabilidade e sou justo como cidadão, morador de um bairro, de uma cidade e de um país? Eu voto conforme minha consciência ou vendo o meu voto?

Mt 5,7: "Bem-aventurados os misericordiosos, porque alcançarão misericórdia".

Misericordiosos: os que têm coração e participam da fraqueza e da dor do outro.

- Tenho um coração misericordioso com os que erram, com os que estão distantes de Deus?
- Como são minhas atitudes diante dos doentes e idosos? Tenho feito visitas? Que tipo de misericórdia tenho para com eles?

Mt 5,8: "Bem-aventurados os puros de coração, porque verão a Deus".

Puros de coração: Pessoas transparentes diante de Deus e dos outros. Não usam os outros para seu próprio prazer. Não se deixam levar pela falsidade, maldade.

- Olhando para a minha vida, qual a limpeza interior que preciso fazer para ter um coração puro?

Mt 5,9: "Bem-aventurados os que promovem a paz, porque serão chamados filhos de Deus".

Pessoas que promovem a paz, o direito e a justiça são aquelas que não têm violência, rancor, revolta... no coração.

- De que maneira estou promovendo a paz no ambiente familiar e de trabalho?

Mt 5,11-12: "Bem-aventurados sois quando vos injuriarem e vos persegui-rem [...]. Alegrai-vos e regozijai-vos, porque será grande a vossa recompen-sa nos céus [....]".

Os que vivem os valores do Evangelho são perseguidos pelo mundo. Às ve-zes, até dentro da própria família, há pessoas que não nos incentivam a assu-mir os nossos compromissos com Deus.

- Já encontrei pessoas que me incentivaram ou me impediram de ser cristão de verdade? Em que situações ou ambientes?
- Qual tem sido minha atitude diante dessas perseguições?

Mt 5,13-15: "Vós sois o sal da terra [...]. Vós sois a luz do mundo [...]".

Vivendo as bem-aventuranças Jesus conclui e mostra nossa missão.

- O que falta na minha vida e na vida da minha comunidade para que se-jamos sal da terra e luz do mundo?
- Sendo sal, tenho conservado os valores familiares, a identidade cristã na minha família?
- Sendo luz, tenho guiado meus filhos, meus irmãos, meus amigos, à ver-dadeira luz, que é Jesus?

Atualização

As comunidades que procuram viver as bem-aventuranças são chamadas para ser sal da terra e luz do mundo. A comunidade dos pobres tem a missão de ser sal e fertilizar o mundo com a realização plena da Lei pela prática de uma nova justiça. Através delas a luz de Deus brilha. As bem-aventuranças são a síntese da nova Lei. É o retrato das primeiras comunidades com todos os desafios daquele tempo.

Jesus veio cumprir toda justiça, que gera vida e fraternidade. É a justiça que inclui a Lei e os profetas. Jesus não veio realizar a Lei exigindo sua obser-vância rigorosa. Ele não propõe colocar um remendo novo em pano velho (Mt 9,16). O primeiro aspecto da novidade que Jesus apresenta é que Ele mostra que a Lei apenas aponta a vontade de Deus. Ela não tem a força de realizar esta vontade. Jesus realiza, cumpre a Lei porque Ele revela o que o Pai quer. "Misericórdia é que eu quero, e não sacrifício" (Mt 9,13). O Ser-mão da Montanha apresenta Jesus como um novo Moisés, mas ao mesmo tempo superior, porque conhece a vontade do Pai. "Eu e o Pai somos um" (Jo 10,30).

O Sermão da Montanha reflete as dificuldades entre o judaísmo e o cristianismo. Além disso, nas comunidades havia um certo comodismo e estava se perdendo o primeiro amor. Não basta dizer "Senhor, Senhor", para entrar no Reino dos Céus (Mt 7,15), ou "o Senhor ressuscitou" ou ter alguns dons extraordinários para ser salvo, é preciso mostrar a conversão na própria vida.

O protestantismo clássico diz que ninguém se salva com suas próprias forças e tudo depende de Deus. É verdade, mas não é só isso. Precisamos nos esforçar. Aos antigos foi dito, mas eu vos digo... Como entender toda esta palavra de Jesus? É uma proposta impossível? Quem não tem a experiência do perdão de Deus, do amor de Jesus Cristo que ressuscita os mortos, que pode transformar o coração duro num novo coração, que arranca a raiz do pecado, sempre imagina que seja impossível a Palavra de Deus. Quem quer entrar na proposta que Jesus traz tem que aceitar uma mudança na sua vida. Com a nossa força é impossível. O amor de Deus pode transformar totalmente a nossa vida. Quando a raiz do pecado é arrancada do coração e quando existe o amor que faz com que eu esteja disposto a morrer pelo outro, tudo na vida muda. O medo da morte é vencido e o homem se torna capaz de dar a vida sem dificuldade. Toda essa palavra não é para nos desesperarmos, mas, ao contrário, é como uma alavanca, porque, quando Jesus Cristo entra em nossas vidas, vamos ver coisas que nunca vimos, pois Deus nos fez para isso, para ver muitas belezas.

A cada encontro é necessário voltar à origem da Palavra, até aos apóstolos. É preciso sempre se lembrar que Jesus de Nazaré é o anúncio do amor de Deus.

Oração

Façamos uma oração inspirados na reflexão da bem-aventurança para expressar, espontaneamente, o que precisamos valorizar mais em nossos relacionamentos de amizade, familiares, na comunidade de fé, no trabalho e especialmente em nosso relacionamento com Deus.

1.14

As parábolas do reino

Apresentação

Jesus começa a sua vida pública com o anúncio: "Cumpriu-se o tempo e o Reino de Deus está próximo. Arrependei-vos e crede no Evangelho" (Mc 1,15). Estas palavras, no início, talvez não signifiquem muita coisa, e somente no decorrer das narrações do Evangelho é possível entender o que Jesus está querendo dizer. O que significa o "Reino" de que Jesus fala tantas vezes? O Reino de Deus é uma sociedade onde todos vivem com liberdade e em paz consigo mesmos, com os outros e com Deus. É a felicidade perfeita alcançada pelo desejo humano, ainda utopia neste mundo. Por isso é um dom de Deus. Com a chegada de Jesus o Reino chegou. Jesus é o resumo deste Reino. Com sua pregação em Nazaré chegou a novidade: "Hoje se cumpriu aos vossos olhos essa passagem da Escritura" (Lc 4,21). O que Jesus diz tem um alcance muito grande. Ele diz que Ele é o dom de Deus para o mundo.

No início o povo gosta da sua pregação, tão diferente de todos os outros pregadores. Ele fala em nome de Deus e atinge o coração das multidões. Jesus atinge o coração humano e seus anseios de felicidade, justiça e verdade. Ele faz brotar a esperança de uma nova humanidade e realiza sinais da chegada de um novo Reino. Uma luz brilhou nas trevas. Mas ainda não chegou o Reino por completo. Sabemos que preço Jesus teve que pagar com sua pregação. Mas Ele lançou o alicerce de um novo Reino.

Falar em parábolas faz parte do ensino de Jesus. Ele mesmo explicou aos seus discípulos que escolheu esta maneira de falar para evitar superficialidade. Precisa um esforço para entender o que Jesus quer dizer. A parábola é um convite para dar um passo a mais na vida. Quem tem ouvidos, ouça!

Este encontro nos quer levar a um encontro pessoal com Jesus Cristo em nossa vida. O Reino de Deus supera todos os outros valores e dá uma alegria que ninguém nos pode tirar.

Proclamação da Palavra de Deus

Mt 13,1-9.31-33.44-46

Sugestões de partilha

Mt 13,4a: "Eis que o semeador saiu para semear [...]".

O semeador semeia a Palavra de Deus. Tudo que nós fazemos ou deixamos de fazer, os nossos atos e omissões, têm consequências. Sem querer estamos semeando o bem ou o mal.

- Tenho consciência disso em relação à minha família? Ao ambiente do meu trabalho?

Mt 13,4b: "E, ao semear, uma parte da semente caiu à beira do caminho e as aves vieram e a comeram [...]".

O solo da beira do caminho representa o coração do ser humano, que ouve a Palavra de Deus, mas não se deixa questionar por ela; a pessoa ouve a Palavra, mas ela não cai no seu coração, na sua vida.

- Será que estou tão ocupado com meu projeto de vida que não tenho tempo para Deus?

Mt 13,5-6: "Outra parte caiu em lugares pedregosos, onde não havia muita terra. Logo brotou, porque a terra era pouco profunda. Mas ao surgir o sol [...] secou".

Lugar pedregoso representa o coração do ser humano, que, ao ouvir a Palavra, acolhe-a com alegria e começa a colocá-la em prática, mas, diante da primeira tribulação ou dificuldade para viver o que a Palavra de Deus lhe pede, imediatamente deixa de perseverar.

- O que preciso fazer para que meu coração não seja um terreno pedregoso e eu não vacile na fé diante das dificuldades e prazeres que o mundo me oferece?

Mt 13,7: "Outra ainda caiu entre os espinhos. Os espinhos cresceram e a abafaram".

As sementes semeadas entre os espinhos são os que ouviram a Palavra de Deus, mas outras preocupações penetraram e sufocaram a Palavra, tirando a sua força.

- De que maneira tenho combatido os espinhos que tentam sufocar a força da Palavra de Deus no meu coração?

Mt 13,8: "Outra parte finalmente caiu em terra boa e produziu fruto, uma cem, outra sessenta e outra trinta [...]".

A terra boa é o coração do ser humano que acolhe a Palavra de Deus e a coloca em prática.

- Procuro enxergar e valorizar a graça de Deus na minha vida, para que eu produza frutos conforme os dons que Ele me deu?
- Em quais lugares da minha vida vejo o Reino de Deus presente?

Mt 13,31-32: "O Reino dos Céus é semelhante a um grão de mostarda [...]. Embora seja a menor de todas as sementes, quando cresce é a maior das hortaliças e torna-se uma árvore [...]".

A formação do Reino de Deus começa de uma maneira pequena (como uma semente). A partir do momento que as pessoas vão tomando gosto pela Palavra de Deus, este Reino vai crescendo cada vez mais e se tornando visível.

- Estou ajudando outros a enxergarem a grandeza de Deus?

Mt 13,33: "O Reino dos Céus é semelhante ao fermento que uma mulher tomou e pôs em três medidas de farinha até que tudo ficasse fermentado".

O fermento tem força para fazer a massa crescer, mas ele mesmo desaparece e a massa se transforma. Precisamos ser fermento no mundo.

- Minha presença é de agente transformador da massa? O meu testemunho de vida tem força para incentivar as pessoas a viverem o amor, a justiça, a partilha?
- O que faço para que o Reino de Deus cresça sempre mais?

Mt 13,44: "O Reino dos Céus é semelhante a um tesouro escondido no campo; um homem o acha e torna a esconder e, na sua alegria, vai, vende tudo o que possui e compra aquele campo".

Jesus deixa trabalho para nós, porque não explica todas as parábolas. Deixa alguma coisa sem explicar. Cabe a cada um fazer a explicação.

- Estou levando estes encontros a sério, trabalhando comigo mesmo?
- Eu já descobri o campo onde está escondido o tesouro?
- Estes encontros me ajudam a encontrar o verdadeiro tesouro?

- O que estou disposto a vender para comprar o campo? O que devia vender para comprar este campo?

Mt 13,45-46: "O Reino dos Céus é ainda semelhante a um negociante que anda em busca de pérolas finas. Ao achar uma pérola de grande valor, vai, vende tudo o que possui e a compra".

Quem encontra o Reino dos Céus deve deixar tudo para entrar nele, pois todo aquele que encontra Jesus Cristo, descobre que todas as outras coisas são secundárias.

- Qual é a pérola que estou procurando?
- Estou tomando consciência que é preciso renunciar as coisas e situações que me impedem de lutar pelo Reino de Deus? O que devo renunciar? Tenho coragem de fazer isso?
- Vale a pena deixar tudo para me comprometer totalmente com esse Reino?

Atualização

Jesus tem uma autoridade que outros não têm. De onde vem esta autoridade? Jesus nunca ensinou alguma coisa que Ele mesmo não fez, mesmo que isso lhe tenha custado a vida. Jesus mesmo assume que Ele é sem pecado (Jo 8,47), mas não numa autoridade de orgulho ou arrogância, mas com uma atitude de misericórdia diante de todos os pecadores. Por isso Ele é acusado de ficar tanto tempo com "pecadores" (Lc 15,2). Isso não quer dizer que Jesus fecha os olhos diante do pecado, mas Ele convida a todos a se converterem. Realmente, com a chegada de Jesus o Reino chegou.

A Palavra de Deus não se torna rotineira, ela é de ontem, hoje e sempre. Às vezes não vemos os frutos que semeamos. Outros verão. Todos nós certamente precisamos de tempo para que a semente germine e dê fruto. Às vezes podemos só preparar a terra, outras vezes semeamos, outras vezes colhemos. Se a semente caiu em terra boa, ela germinará. Uma terra árida, seca, dura nos ajuda a crescer em paciência e humildade. Para achar a moeda perdida a mulher precisou varrer a casa toda, tirar toda a sujeira (Lc 15,8).

Muitas vezes temos uma ideia pobre sobre o Reino de Deus. O mundo materialista se interessa somente para pequenos projetos e no fundo deseja uma vida burguesa para os filhos. Não é de admirar que os jovens não se sentem arrebatados por este tipo de ideal e procuram fugir deste mundo. Realmente, o Reino de Deus é um tesouro num campo. Diante deste tesouro todas as outras coisas se tornam secundárias. A única atitude que nos pode libertar neste momento é a conversão. Isso é um processo que exige tempo. Vamos encontrar jovens que são muito mais generosos que os seus pais. Muitas vezes também encontramos pais que não conseguem sair do legalismo ou da tradição. Do outro lado, a renúncia dos jovens não tem ainda este conteúdo e peso que a renúncia dos pais. A escuta da Palavra pretende ajudar as pessoas não só a encontrarem o tesouro escondido, mas a chegarem a uma decisão madura, de vender tudo pelo campo onde se encontra o tesouro.

O amor não é só um sentimento, mas é uma decisão, assim como a fé. Para cumprir a vontade de Deus, Jesus chegou a abraçar a cruz. Ele tinha sua pedagogia, seu método. Qual é a nossa metodologia no mundo hoje? Como participo da missão da Igreja anunciando Jesus Cristo no mundo onde vivo sem ser chato. Ou talvez precisamos ser chatos. Jesus falava em parábolas para que todos o pudessem entender, mas para que aqueles que não quisessem entender ficassem mais confusos ainda. Jesus veio anunciar o Reino de Deus. A preocupação de Jesus, ao falar em parábolas, era mostrar o Reino de Deus e as disposições para entrar nele? Jesus não é doutor da "lei", como muitos outros, que conhecem só a letra da lei. Jesus é especialista nas coisas do Reino de Deus. Esta é a sua casa e Ele sabe onde tudo está guardado. Por isso Ele sabe tirar coisas novas e velhas, e é intérprete, renova e acrescenta outras coisas, como o verdadeiro sábio.

Ouvindo as parábolas de Jesus e partilhando juntos, manifesta-se uma riqueza nunca experimentada anteriormente em nossas vidas.

Oração

Lembremos de nossa vocação e da graça que estamos recebendo em participar de um grupo de reflexão, dizendo:

Senhor, tua Palavra é fonte de sabedoria ao coração que crê. Fortalecidos em sua graça queremos continuar exercendo a nossa vocação de discípulos de Jesus Cristo anunciando o Reino em nossa sociedade.

1.15

MILAGRES, SINAIS DE SALVAÇÃO

Apresentação

Jesus enviou os apóstolos e deu-lhes a missão de proclamar o Evangelho com sinais que os acompanharão, para mostrar que o Reino de Deus já chegou. Quando os evangelhos relatam milagres, eles têm o sentido de sinais. Um sinal mostra uma outra realidade não visível diretamente. Existe uma grande diferença entre sinais e milagres.

Milagre é uma coisa admirável. Os evangelhos, relatando um milagre, falam do sentido do acontecimento: "O que Deus está querendo dizer com isso?" Hoje, diante do acontecimento, fazemos outra pergunta: "O que aconteceu mesmo"? Atualmente estamos mais cegos e não enxergamos o sentido dos acontecimentos. Será que o milagre começa onde acaba a nossa explicação? Assim é muito difícil perceber a presença de Deus nos acontecimentos da vida. Por exemplo: Por que Jesus não desceu da cruz? Não seria um milagre? Será que todos iriam acreditar nele?

Muita gente corre em busca de um milagre, mas não percebe a mão de Deus na sua vida. Quem não quer enxergar nunca vê nada. Neste encontro somos convidados a olhar para Jesus, que vem restaurar toda a realidade humana. Nele tudo é possível.

Proclamação da Palavra de Deus

Mt 8–9,1-8

Sugestões de partilha

Mt 8,5-6: "[...] Chegou-se a Ele um centurião que lhe implorava e dizia: Senhor, meu criado está deitado em casa, paralítico, sofrendo dores atrozes".

O centurião se preocupou com seu próximo, que não tinha condição de chegar até Jesus, mostrando um gesto de fé.

- Qual a pessoa enferma que conheço e que necessita da minha fé?

Mt 8,7: "Jesus lhe disse: Eu irei curá-lo".

Percebemos a disponibilidade de Jesus em ir ao encontro da pessoa doente.

- Diante da necessidade do meu próximo, sou uma pessoa disponível? Ou uso desculpas, procurando me justificar?

Mt 8,8: "Senhor, não sou digno de receber-te sob o meu teto; basta que digas uma palavra e meu criado ficará são".

O centurião depositou toda sua fé em Jesus.

- Deposito total confiança e fé na hora de comungar quando digo: "Senhor, eu não sou digno(a) de que entreis em minha morada, mas dizei uma palavra e serei salvo(a)"?
- Tenho consciência do poder de Jesus quando o recebo com fé?
- A Eucaristia é uma graça na minha vida?

Mt 8,10: "Jesus ficou admirado e disse aos que o seguiam: 'Em verdade vos digo que em Israel não achei ninguém que tivesse tal fé'".

Jesus fica encantado com a manifestação de fé desse homem.

- O que preciso fazer para que Jesus também se encante comigo e possa dizer: "Nunca encontrei no mundo alguém como você, com tamanha fé?"

Mt 8,13: "[...] 'Vai! Como creste, assim te seja feito'. Naquela mesma hora o criado ficou são".

- Qual o milagre que quero pedir hoje a Jesus?
- Creio no que Jesus me diz: "Vai! Como creste, assim te seja feito?"

Mt 8,14-15: "[...] Logo tocou-lhe a mão e a febre a deixou. Ela se levantou e pôs-se a servi-lo".

A sogra de Pedro enxerga o milagre, as maravilhas que Jesus realiza em sua vida. Ela lhe é grata, e, como resposta, coloca-se a servir.

- Vejo os milagres (sinais) que Jesus realiza na minha vida e de meus familiares?
- Qual tem sido a minha resposta diante desses milagres?
- Eu estou servindo alguém de verdade?

Mt 8,24-25: "Houve no mar uma grande agitação, de modo que o barco era varrido pelas ondas. 'Senhor, salva-nos, estamos perecendo!'"

As tempestades (doença, desemprego, estresse...) e as nossas limitações nos ajudam a acordar e a enxergar a ação de Deus em nossa vida. Caso contrário, continuaríamos dormindo e não enxergaríamos nada.

- Já atravessei ou estou atravessando alguma tempestade em minha vida?
- Consegui enxergar a presença de Jesus nesta situação?

Mt 8,26: "Disse-lhes Ele: 'Por que tendes medo, homens fracos na fé'?"

A confiança é como fonte de vida e a desconfiança como um deserto seco.

- Como está minha confiança em Deus?
- Diante das tempestades da minha vida, qual a única coisa que Jesus me pede?
- Qual é o milagre que eu quero experimentar na minha vida?
- Para seguir Jesus, o que estou deixando?

Atualização

Toda a criação é um grande milagre de Deus que nunca acaba. Jesus passeava no meio da multidão e o povo corria atrás dele. Mas Jesus nunca fez um milagre para satisfazer a curiosidade. O milagre acontece, mas não ajuda ninguém se não levar à conversão e a um encontro com Jesus. Muita gente corre em busca de um milagre, mas não percebe a mão de Deus na sua vida. De quem depende o milagre? De nós, da ciência ou de Deus? Quais os milagres que você vê em sua vida?

Jesus veio anunciar a Boa-nova, e os sinais que Ele realizava mostram que o mundo novo, o Reino de Deus chegou. Os relatos seguem um esquema básico: o diálogo, onde se destaca a necessidade de crer e confiar em Jesus, e o efeito nos que presenciam ou ouvem falar. Os milagres de Jesus se distinguem por seu significado espiritual e simbólico. Eles inauguram a vitória do Espírito e destinam-se a confirmar a fé. Embora Ele os realize como atos de misericórdia, são mais sinais de sua missão e do Reino.

As curas são muito mais que sinais apologéticos. Jesus não precisa se defender para mostrar quem Ele era. Nelas aparecem a bondade do nosso Deus e Salvador e seu amor pelos homens. O entusiasmo pelos ensinamentos e pelos milagres não deve iludir, pois o seguimento de Jesus é exigente e a cura física deve remeter à cura espiritual. Jesus não somente cura e perdoa pecados, mas transforma o pecador. Jesus cura e restaura a vida da comunidade.

Quando colocamos Deus em primeiro lugar em nossa vida, acontece o grande milagre. Por isso Pedro deixou as redes, Mateus a banca de impostos, Madalena o pecado.

Oração

Deus Pai, te louvo e te bendigo por tantas maravilhas que o Senhor permitiu na minha vida, principalmente pelo dom da vida e a vida daqueles que são tão importantes na minha vida. Te peço para que eu possa hoje e a minha vida inteira continuar louvando o teu santo nome até nos séculos dos séculos. Amém.

1.16

ORAÇÃO, ÁGUA VIVA PARA O SER HUMANO

Apresentação

É possível que, um dia, a ciência dê resposta para todos os problemas do mundo, mas nunca vai chegar o dia que esta resposta nos isente da condição humana que nos permite dizer: "Obrigado, Senhor, pelo dom da vida". Este grito vem do coração e nunca alguém poderá fazer isso em lugar do outro, pois a oração nasce do impulso de nosso coração.

Um ateu precisa de muita fé para se convencer de que não existe Deus. Na noite da Páscoa a Igreja proclama, com toda a vibração e solenidade, a linguagem poética da criação do mundo. Tudo isso é fonte de oração. Quando olhamos para o céu, com tantas estrelas, é impossível não pensar no criador de tudo isso. Um professor de Agronomia, na área da genética, dizendo que ele trabalha todos os dias com aquilo que é invisível, disse que é quase impossível chegar à criação humana sem a hipótese de Alguém que conduz ao desenvolvimento das células.

Mas o que é a oração? Por que e de onde nasce a vontade da oração do ser humano? Com que palavras, gestos e linguagem rezar? As Escrituras falam muito do coração que reza. Quando estamos longe de Deus a oração continua vazia.

> O coração é a casa em que estou, onde moro (segundo a expressão semítica ou bíblica: aonde eu "desço"). Ele é nosso centro escondido, inatingível pela razão e por outra pessoa; só o Espírito de Deus pode sondá-lo e conhecê-lo. Ele é o lugar da decisão, no mais profundo das nossas tendências psíquicas. É o lugar da verdade, onde nós escolhemos a vida ou a morte. É o lugar do encontro, pois à imagem de Deus vivemos em relação; é o lugar da Aliança. A oração cristã é uma relação de Aliança entre Deus e o homem em Cristo. É ação de Deus e do homem; brota do Espírito e de nós, dirigida para o Pai, em união com a vontade humana do Filho de Deus feito homem. Na Nova Aliança a oração é a relação viva dos filhos de Deus

com seu Pai infinitamente bom, com seu Filho Jesus Cristo e com o Espírito Santo. A graça do Reino é a "união de toda a Santíssima Trindade com o espírito pleno". A vida de oração desta forma consiste em estar habitualmente na presença do Deus três vezes Santo e em comunhão com Ele. Esta comunhão de vida é sempre possível porque, pelo batismo, nos tornamos um mesmo ser com Cristo. A oração é cristã enquanto comunhão com Cristo e se estende à Igreja que é seu Corpo. Suas dimensões são as do Amor de Cristo[14].

Este encontro é um convite para descobrir e experimentar que Jesus é a verdadeira fonte que nos dá água viva.

Proclamação da Palavra de Deus

Jo 4,1-42

Sugestões de partilha

Jo 4,4: "Era preciso passar pela Samaria".

Em Samaria muitos precisavam encontrar-se com Jesus Cristo e converter-se.

- Estes encontros estão me ajudando a me encontrar com Jesus?
- Reconheço que eu, minha família, precisava passar por este momento para crescer na fé?

Jo 4,6: "[...] Fatigado da caminhada, Jesus sentou-se junto à fonte [...]".

Fonte (poço) é um lugar de encontro, lugar onde buscamos o sentido da vida, sabedoria...

- Nos momentos em que me sinto cansado(a), desanimado(a), sem horizonte, qual é a minha atitude? Murmuração, fuga, bebida?
- Eu já encontrei o poço, a fonte onde Jesus me pediu: "Dá-me de beber?"

Jo 4,7: "[...] Jesus lhe disse: Dá-me de beber!"

Jesus, ao pedir água à samaritana, fez um gesto de aproximar-se dela. Ao pedir: "dá-me de beber", na realidade Ele estava lhe pedindo: "dá-me tua fé, acredite em mim, que eu dou-te de beber a água viva, aquela que sacia toda a carência afetiva, insegurança, amargura, medo [...]".

---

14. *Catecismo da Igreja Católica*. Petrópolis: Vozes, 1993, n. 2.563-2.565.

• O que eu teria para dar a Jesus se Ele viesse e me pedisse: "Dá-me de beber!"?

Jo 4,10: "Se conhecesses o dom de Deus [...]".

• Qual é a minha fonte?
• Qual é o dom de Deus?

Jo 4,13-14: "[...] Aquele que bebe desta água terá sede novamente; mas quem beber da água que lhe darei, nunca mais terá sede [...]".

Jesus é o presente de Deus capaz de saciar a sede mais profunda.

• Qual é a sede que tenho na minha vida?
• Eu já bebi água viva?

Jo 4,15: "Disse-lhe a mulher: 'Senhor, dá-me dessa água, para que eu não tenha mais sede, nem tenha de vir mais aqui para tirá-la!'"

A mulher ao dizer "Senhor, dá-me dessa água, para que eu não tenha mais sede [...]" demonstra que não descobriu ainda aquilo que é fundamental para a sua vida, aquilo que é capaz de saciar a sua sede. Ela queria tirar vantagem de Jesus.

• Procuro os milagres de Jesus ou procuro Jesus que é capaz de fazer milagre?
• Já encontrei Jesus Cristo, fundamento da minha felicidade?

Jo 4,16: "Vai chamar teu marido [...]".

Depois que a mulher pediu água viva a Jesus, Ele continua o processo de conversão e toca no ponto fraco da mulher, sua situação matrimonial. Até então ela estava brincando com Jesus.

• Como Jesus conseguiu entrar na vida da mulher?
• Jesus deu, ou não, água viva à mulher?
• Qual é o meu ponto fraco que mudaria a minha conversa com Jesus?

Jo 4,24: "Deus é espírito, e aqueles que o adoram devem adorá-lo em espírito e verdade".

Jesus veio nos revelar quem é Deus e como devemos adorá-lo.

• Adoro a Deus como único Senhor da minha vida?

- Minha família, meu próximo me conhece como uma pessoa de oração?

Jo 4,29: "Vinde ver um homem que me disse tudo o que fiz. Não seria ele o Cristo?"

A samaritana ao descobrir Jesus não conseguiu guardar isto só para si, mas se pôs a anunciá-lo.

- Ao descobrir Jesus, o que tenho feito para anunciá-lo?

Jo 4,32: "Tenho para comer um alimento que não conheceis".

- Qual é este alimento?
- Que pão de cada dia eu necessito hoje?

Jo 4,34: "Jesus lhes disse: 'Meu alimento é fazer a vontade daquele que me enviou'".

- De que maneira procuro fazer a vontade de Deus?

Jo 4,37: "[...] um é o que semeia, outro é o que ceifa".

Precisamos semear para que outros possam colher.

- De que maneira tenho semeado as coisas de Deus para que outros possam experimentar a vida nova em Jesus Cristo?

Jo 4,42: "[...] Já não é por causa do que tu falaste que cremos. Nós próprios o ouvimos, e sabemos que esse é verdadeiramente o Salvador do mundo".

- Já me encontrei com Jesus e, hoje, posso dizer, com convicção, que Ele é verdadeiramente meu Salvador e o Salvador do mundo?

Atualização

Podemos seguir as grandes figuras da história. Abraão, por exemplo, confiou em Deus porque encontrou sua grandeza e Deus fez uma aliança com ele. Encontramos Jacó que lutou com o anjo, mas se rendeu diante do poder mais forte de Deus. Encontramos Moisés que conduz o povo no deserto e é o grande intercessor.

Depois entra Davi na história, o poeta e salmista, que tomou consciência de seus pecados e nos deixou os salmos que foram, para o próprio Jesus e a

Igreja até hoje, a fonte principal de oração. Encontramos Elias, o representante de todos os profetas, que lutou contra todos os ídolos. Foi levado com o carro de fogo para o céu.

Chegamos a Jesus. No Sermão da Montanha encontramos o resumo de sua Palavra. Devemos orar até incomodar o próprio Deus. Ele mesmo faz de tudo para nos convencer de que o Pai nos atende sempre. Lucas nos apresenta Jesus como aquele que se retirava ao deserto para rezar. Ele diz também que Maria era uma mulher que não entendia sempre as coisas, mas as guardava em seu coração. Foi ela que ensinou Jesus a rezar. Ele entrega toda sua vida nas mãos do Pai. Jesus nos ensina a viver na intimidade com Deus, que é antes de tudo Pai, Pai nosso, princípio e fonte de nossa vida, um Deus perto, que pertence à nossa realidade para que seu nome seja glorificado.

Pai nosso... Venha a nós o vosso reino. O pão nosso de cada dia nos dai hoje. Precisamos pedir aquilo de que necessitamos. Desligados de Jesus não fazemos nada. "Sem mim não podeis nada" (Jo 15,5). O Pão eucarístico é o alimento essencial para a nossa vida para que possamos viver.

Perdoai os nossos pecados, assim como nós perdoamos a quem nos tem ofendido. Quando rezamos, Deus nos impõe como condição que perdoemos para que sejamos perdoados. A nossa oração bate no teto, na parede e não sobe se não houver perdão. É preciso tirar todas as barreiras do nosso coração.

Não nos deixeis cair em tentação, mas livrai-nos do mal. A provação ainda não é pecado. Só sabemos que existe a virtude quando somos provados. Sem provação não existe perseverança. Nós nos julgamos fortes porque não encontramos obstáculos. As dificuldades nos ajudam a perceber onde estão os nossos pecados. Às vezes vemos o demônio em tudo, mas não é bem assim. Não é o demônio, mas nós mesmos e os nossos pecados que são a causa de muitos males. O demônio é o pai da mentira. Depois das tentações do demônio, lemos no livro de Jó que o maior problema dele não foi o demônio, mas sua mulher e seus amigos: "Sua mulher disse-lhe: 'Persistes ainda em tua integridade? Amaldiçoa a Deus e morre de uma vez'! Ele respondeu: 'Falas como uma idiota: se recebemos de Deus os bens, não deveríamos receber também os males'? Apesar de tudo isso, Jó não cometeu pecado com seus lábios" (Jó 2,9-10).

Amém! Que o dom de Deus se torne visível em nossa vida. A oração é um simples olhar lançado ao céu, porque descobrimos alguém maior que o coração humano. Pode ser que participemos de muitas horas de oração, mas nem sempre nos encontramos. A oração pode se tornar uma alienação. Só o Espírito Santo nos pode ajudar. Podemos escrever orações bonitas, mas se não estamos dispostos a nos converter, não adianta ter palavras bonitas.

Deus chamou todo o nosso ser do nada à existência. Ainda que o homem se esqueça do seu criador, ou se esconda longe de sua face, Deus não se esquece (Is 49,15). No deserto da vida, muitos passam sede e procuram saciar esta sede com muitos meios. Jesus diz: "Aquele que bebe desta água terá sede novamente; mas quem beber da água que eu lhe darei nunca mais terá sede. Pois a água que eu lhe der tornar-se-á nele uma fonte de água jorrando para a vida eterna" (Jo 4,13-14). Jesus é a água viva.

Sempre existiram na Igreja lugares especiais de oração, lugares de busca de Deus, os mosteiros, lugares de romaria, lugares que nascem da gratidão, do desespero. Existem muitas maneiras, métodos e formas para a oração. Não queremos aqui entrar neste assunto. Neste ano queremos aprender a orar a partir da escuta e da partilha da Palavra de Deus. Queremos aprender a nos expressar em pequenos grupos, inspirados pela Palavra partilhada.

O homem procura o sentido profundo, a raiz de sua existência, e, enquanto não encontra a resposta, não descansa. "Fizeste-nos para ti, e inquieto está o nosso coração enquanto não repousa em ti"[15].

Oração

Em silêncio nos imaginemos sentados perto do poço de Jacó a ouvir a voz de Jesus. Peçamos a Ele o dom da água viva, cantando do Pe. Zezinho a música Água viva:

- Eu te peço desta água que Tu tens, é água viva, meu Senhor...

Observação

Para o encontro seguinte propomos a preparação para a Celebração do diálogo sobre a fé e a vida eterna, que se encontra na parte III deste subsídio. Somos convidados a celebrar o diálogo sobre a fé e a vida eterna, pois o nosso contato com a pessoa e a Palavra de Deus nos faz experimentar uma vida nova.

---

15. SANTO AGOSTINHO. *Confissões*. São Paulo: Paulinas, 1984, p. 15.

1.17

Paixão e morte de Jesus

Apresentação

O sentido da nossa vida depende do sentido que damos a nossa morte. O sentido da vida de Jesus depende do sentido que Ele deu a sua morte. O que Jesus nos quis dizer com sua morte? Será que Ele está disposto a assinar com sua vida tudo o que disse durante sua vida? Qual é o testemunho que Ele quer dar com sua morte?

Os evangelhos nos dizem que Jesus foi ao encontro da sua morte. Ele previu-a cruel. Desde o início de sua pregação percebeu a resistência por parte das autoridades. Embora seja difícil fazer uma cronologia da vida de Jesus, os evangelistas falam de três anúncios de sua paixão, morte e ressurreição. Jesus descobre sua vocação na luz da missão dos profetas. Ele tomou consciência de sua missão: morrer em lugar dos outros como um cordeiro levado ao matadouro (Is 53). Mas Ele não muda o tom e o conteúdo de sua pregação. Ele não provoca, mas também não evita a sua prisão. Sua morte não foi um conjunto infeliz de certas circunstâncias.

Foi todo um jogo de poder que levou Jesus à morte e à morte de cruz, como um escravo. O processo foi uma manipulação para levá-lo à morte. Para Pilatos a condenação de um a mais não fez diferença. Nem todos estavam a favor da morte, mas na hora todos fugiram. Jesus, do alto da cruz, pede ao Pai que lhes perdoe pela sua ignorância.

Neste encontro somos convidados a olhar para o sofrimento humano e o sofrimento de Jesus e descobrir como ele faz parte da vida. Jesus escolheu este caminho para derrotar o último inimigo, que é a morte, consequência do pecado.

Proclamação da Palavra de Deus

Lc 23,20-46

Sugestões de partilha

Lc 23,22-23: "Pela terceira vez, disse-lhes: 'Que mal fez este homem? Nenhum motivo de morte encontrei nele!' [...] Eles, porém, insistiam com grandes gritos, pedindo que fosse crucificado [...]".

Os judeus quiseram matar Jesus porque se fecharam completamente diante dele. Do mesmo modo procedem todas as pessoas que não querem aceitar o plano de Deus a respeito da sua vida.

- Tenho coragem de enxergar a verdade ou tento eliminar as verdades que não me convêm?
- Qual é a verdade na minha vida? Sou uma pessoa transparente?

Lc 23,24: "Então Pilatos sentenciou que se atendesse o pedido deles".

Pilatos agiu por ignorância, sem saber que estava matando o Filho de Deus. Ignorância é falta de informação, falta de consciência.

- Estes encontros me tiram da ignorância?
- Começo a acolher em minha vida o olhar de Jesus?
- Hoje sou consciente de que cada vez que deixo de reconhecer o Filho de Deus no próximo não é mais ignorância, mas simplesmente pecado?

Lc 23,26: "Enquanto o levavam, tomaram certo Simão de Cirene, que vinha do campo, e impuseram-lhe a cruz para levá-la atrás de Jesus".

Simão de Cirene não tirou a cruz de Jesus, apenas ajudou-o a carregá-la.

- Qual é a minha cruz hoje?
- Quem neste momento está precisando da minha ajuda?
- Estou disposto a carregar as dificuldades da minha comunidade?

Lc 23,34: "Jesus dizia: 'Pai, perdoa-lhes: não sabem o que fazem [...]'".

No meu passado, agi por ignorância (falta de conhecimento)?

- Hoje, arrependido, quero me reconciliar com Jesus? De que maneira?

Lc 23,35: "O povo permanecia lá, olhando [...]".

- Em que situações também permaneço apenas olhando, e não dou um passo, num gesto de fé? (Ex.: pedir perdão, fazer um elogio, fazer uma visita, dar uma esmola...)

Lc 23,36: "Os soldados também caçoavam dele; aproximando-se, traziam-lhe vinagre".

Não existe maldade pior que caçoar do sofrimento do próximo.

- Tenho maldade no coração que deve ser tirada?
- Ignoro o sofrimento do próximo?

Lc 23,46: "[...] E Jesus deu um forte grito: 'Pai, em tuas mãos entrego o meu Espírito' e, dizendo isto, expirou".

A cruz é o sinal do amor que foi até o extremo. Jesus morreu por nossos pecados. Ele não nos salvou pelo sofrimento, mas pelo amor.

- O meu sofrimento vivido no amor está ajudando alguém?

Atualização

O Concílio Vaticano II deixou mais claro que foi o pecado de todos os pecadores que levou Jesus à morte. O pecado atingiu todos os homens. Pilatos agiu mais por ignorância, sem saber que estava matando o Filho de Deus.

Toda a Sagrada Escritura diz que Jesus veio para assumir a culpa da humanidade. Ele é o único justo. A Última Ceia expressa também o sentido profundo que Jesus mesmo quis dar a sua morte. Sua vida é uma doação total, até à morte. Uma doação de amor mais forte do que a morte.

Para os contemporâneos de Jesus a sua morte na cruz não deixou de ser um grande obstáculo. A morte de cruz não é qualquer morte. É a morte não de um cidadão, mas de um escravo, alguém que não é gente. Ficou talvez mais para eles, do que para nós hoje, o obstáculo: Como superar este escândalo e chegar à cruz gloriosa? Por isso os evangelistas são muito sóbrios quando narram a crucificação. Porque para eles a cruz mudou de significado: ela não é mais sinal de escândalo, a execução de um escravo, mas o sinal do amor que foi até o extremo.

Foi muito difícil para os primeiros cristãos superar o obstáculo quase insuperável do escândalo da cruz. Aqui encontramos então o sentido mais profundo da cruz: "Os judeus pedem sinais, os gregos andam em busca de sabedoria; nós, porém, anunciamos Cristo crucificado, que para os judeus é escândalo, para os gentios é loucura, mas para aqueles que são chamados, tanto judeus como gregos, é Cristo, poder de Deus e sabedoria de Deus" (1Cor 1,23-24). A loucura se tornou glória, a cruz uma força libertadora sobre o mal. A vitória da cruz liberta os homens porque ela é a expressão da misericórdia de Deus. Jesus morreu por nossos pecados.

O sofrimento que nos atinge ficará sempre um mistério. Jesus não nos salvou pelo sofrimento, mas pelo amor. O sofrimento em si é um mal e é preciso lutar contra. Mas diante do mal somos convidados a reagir. Podemos permitir que ele nos destrua ou podemos aceitá-lo num ato de amor e doação. Precisa tempo, mas finalmente é sempre o amor que vence e o amor de todos que estão com Cristo: "Agora eu me regozijo nos meus sofrimentos por Vós, e completo, na minha carne, o que falta das tribulações de Cristo pelo seu Corpo, que é a Igreja" (Cl 1,24).

Oração

Senhor, olhando hoje para a vossa cruz, sinto-me tão indigno do teu amor. Hoje não sei o que pedir o que convém, só posso olhar para esta cruz e dizer: Senhor, tende piedade de mim". Não permita que me afasta ainda mais de ti. Senhor, tende piedade de mim!

1.18

Ressurreição e ascensão de Jesus

Apresentação

Quando professamos a fé na ressurreição de Cristo é porque Ele morreu antes. Desceu na mansão dos mortos. É mais uma afirmação que Ele morreu de verdade. Ele foi para o lugar onde todos os mortos foram. A liturgia do Sábado Santo celebra esta realidade. Neste dia a fé da Igreja passa toda condensada na única que não fugiu ou perdeu a fé, a mãe de Jesus, Maria. É o dia do grande silêncio. Jesus foi anunciar a Boa-nova a todos que estavam esperando, no lugar dos mortos, a redenção que é necessária para todos.

No terceiro dia de madrugada começa uma outra história, o início da fé que começa com o sinal do túmulo vazio. As toalhas ficaram dobradas no túmulo e o sudário, enrolado, num lugar à parte, sinal que não teve roubo do corpo. Não há testemunhas oculares da ressurreição. Eles não encontraram Jesus. Os discípulos de Emaús foram para casa totalmente desorientados, decepcionados e tristes.

O segundo sinal que os levou a acreditar na ressurreição foram as aparições, primeiro às mulheres, depois aos apóstolos. Foi difícil para os apóstolos acreditarem na ressurreição. Jesus precisou quase se impor com força, mandou-os tocar nele, fazendo-os lembrar de tudo que Ele lhes disse antes de sua morte. Precisou explicar as Escrituras. O povo, entristecido, era reflexo de uma comunidade que estava se acabando. Mas a esperança renasce.

Como entender a ressurreição? Nós colocamos a ressurreição no passado. Será que ressuscitou mesmo? Nunca vamos resolver estas dúvidas do passado. A ressurreição é um acontecimento que podemos captar somente com a nossa fé. Querer provar, preto no branco, a historicidade da ressurreição é acabar com a fé. Muitos viram Jesus e não acreditaram. Se não tivermos o Espírito de Jesus Cristo ressuscitado não vamos acreditar nunca. Sem conhecermos as Escrituras nunca vamos compreender e acreditar na ressurreição. "Cristo morreu por nossos pecados, segundo as Escrituras. Foi sepultado, ressuscitou ao terceiro dia, segundo as Escrituras" (1Cor 15,3). Jesus avisou tantas vezes. Aconteceu também com o Apóstolo Paulo. Ele nunca viu Jesus antes, nem conhecia os apóstolos. Precisou de uma luz forte sobre as Escrituras para cair do cavalo e acreditar em Jesus. Ele descobriu que toda palavra e todas as promessas foram realizadas em Jesus Cristo.

Este encontro nos pode levar a descobrir como, da morte por amor, nasce a vida que não tem fim. É o caminho de Jesus, morto e ressuscitado.

Proclamação da Palavra de Deus

At 1,1-11; Lc 24

Sugestões de partilha

At 1,1: "Compus meu primeiro relato [...] de todas as coisas que Jesus fez e ensinou [...]".

- O que eu faço como testemunha de Jesus?
- Eu dou testemunho que Jesus Cristo está vivo em mim?

At 1,3: "[...] apresentou-se vivo depois de sua paixão [...]".

- A experiência de Cristo vivo, através destes encontros, ajuda-me a viver a Ressurreição?
- Trago em mim o rosto entristecido da Sexta-feira da Paixão?

At 1,4: "Então [...] ordenou-lhes que não se afastassem de Jerusalém, mas que aguardassem a promessa do Pai [...]".

Em Jerusalém eles receberam o Espírito Santo, a força do próprio Deus. Hoje Jesus continua nos ordenando que não nos afastemos da Igreja, pois é através dela que Ele continua nos dando a força do Espírito, prometido pelo Pai.

- Sou um membro atuante e participativo da Igreja?

At 1,5: "[...] João batizou com água, mas vós sereis batizados com o Espírito Santo dentro de poucos dias".

O batismo cristão leva a pessoa ao compromisso com a Palavra e a ação de Jesus.

- Como batizado sou consciente que sou templo do Espírito Santo?
- Com minhas atitudes do dia a dia eu mostro que a força do Espírito Santo é mais forte que o mal?

At 1,6-7: "[...] 'Senhor, é agora o tempo em que irás restaurar a realeza em Israel?' E Ele respondeu-lhes: 'Não compete a vós conhecer os tempos e os momentos que o Pai fixou [...]'".

Para que o Reino de Deus chegue é necessário que a humanidade inteira tome conhecimento, aceite e viva o testemunho de Jesus. Ele não quer que nos preocupemos com o amanhã, mas que vivamos intensamente o dia de hoje.

- Estou me preocupando somente com o dia de hoje, procurando dar testemunho do Reino de Deus?

At 1,8: "[...] recebereis uma força, a do Espírito Santo, que descerá sobre vós, e sereis minhas testemunhas [...]".

Somente com o Espírito Santo é possível viver, hoje, o caminho da cruz e testemunhar Jesus.

- Minhas atitudes refletem a ação do Espírito Santo?

At 1,9: "[...] foi elevado à vista deles, e uma nuvem o ocultou a seus olhos".

A nuvem é aquilo que nos impede de ver Jesus.

- Qual nuvem (pecado, falta de perdão, de fé...) me impede de enxergar, claramente, os sinais de Deus nos acontecimentos da minha vida?
- Que dificuldades eu encontro para ser testemunha da ressurreição? Como superá-las?

At 1,10-11: "[...] Homens da Galileia, por que estais aí a olhar para o céu? Este Jesus, que foi arrebatado dentre vós, para o céu, assim virá [...]".

Ascensão é a força da glorificação de Jesus e sua volta para a vida de Deus. Jesus continua vivo, na raiz profunda da vida e da história.

- Cristo ressuscitado tem sido o Senhor da minha vida?
- Tenho consciência de que o meu testemunho de vida pode mostrar a face de Jesus?

Lc 24,22: "Nós esperávamos que fosse Ele quem redimiria Israel; mas com tudo isso, faz três dias que todas essas coisas aconteceram!"

- Qual foi sua grande decepção durante seu caminho como discípulo(a) do Senhor? Ela já se transformou em motivo de alegria?

Lc 24,27: "E, começando por Moisés e percorrendo todos os profetas, interpretou-lhes em todas as Escrituras o que a Ele dizia respeito".

- A sua fé está fundamentada nas Escrituras? Você as conhece?

Atualização

A ressurreição aparece em cada página no Novo Testamento. A ressurreição é acontecimento hoje. É uma fonte da qual a Igreja vive hoje, no momento atual. Acreditar em Cristo ressuscitado é acreditar que a força do amor é maior que o mal. É acreditar que é possível dar a vida pelo irmão e que é possível viver hoje o caminho da cruz. É viver já a vida eterna, pois o discípulo do Senhor tem coragem de entregar a sua vida. Ele não tem medo de perder sua vida e ser humilhado, ele é capaz de enfrentar todas as dificuldades da vida. Entrando pelo batismo na morte e ressurreição de Cristo Jesus, nós nos tornamos filhos adotivos de Deus.

A ascensão do Senhor significa a entrada definitiva de Jesus com sua natureza humana no reino definitivo. Como cabeça da Igreja, Ele nos precede no Reino do Pai, a fim de que nós, como membros do seu corpo, vivamos na esperança de estar também um dia com Ele. Agora que entrou no seu santuário, intercede por nós com o Pai, e nos envia o seu Espírito.

Quando Jesus subiu ao céu, os seus discípulos ficaram olhando e uma nuvem o encobriu. Esta nuvem continua até hoje encobrindo a nossa visão de Jesus ressuscitado.

Podemos identificar isso na história de um homem que certo dia partilhou que ele e sua esposa queriam celebrar uma missa de bodas de ouro bem simples. Chorando, ele disse que não queria festa nenhuma, porque tinha uma nuvem muito densa na sua família, que impedia de celebrar uma festa maior com todos os filhos. Um deles estava com uma doença muito grave. Realmente, quantas nuvens nos impedem de viver com alegria e enxergar claramente o sentido último de tudo que acontece em nossa vida. Mas a porta do céu se abriu. O sol brilha atrás das nuvens e nos mostra a direção.

A ascensão é a festa da ação católica. Cabe a nós hoje, como batizados, anunciar o caminho. "Vós sereis minhas testemunhas." Jesus não veio resolver nenhum problema, mas deu uma nova luz sobre o sentido da nossa vida, o nosso sofrimento e a nossa história. "Eu sou a luz." Ele participou da luta para um mundo melhor, e deu até a sua vida para isso. "O Messias devia sofrer." A liturgia da ascensão nos convida a olhar com esperança e com os olhos do coração para a realidade última da nossa vida. Um dia entraremos na vida e na visão plena.

Oração

Rezemos, pedindo a Deus o crescimento na fé em Jesus Cristo vivo, presente também hoje na Igreja, professando a nossa fé, dizendo: Creio em Deus...

1.19

Espírito Santo, dom de Deus

Apresentação

O Espírito Santo vem completar a obra de Jesus Cristo. Ele leva o ser humano até a plenitude, plenamente agraciado por Deus. Aquilo que eu sou não posso realizar com minhas próprias forças, mas sim com o auxílio de Deus. O Espírito Santo é a fonte que jorra em nossa vida. É a fonte de água viva, que jorra para a vida eterna. O Espírito Santo é essa dinâmica em nossa vida todos os dias, que nos leva à plena realização, a fonte que nos garante a vida eterna, onde a morte não existe mais. É a felicidade sem limites (porque a morte é um limite). Estamos falando desta morte, hoje tão visível e tão perto, através da fome, das injustiças, dos assassinatos. Pelo Espírito Santo o Pai vivifica até os mortos, àqueles que pelo pecado não têm mais vida, mas estão dominados plenamente pelos vícios, pelo ódio, pela violência. Só o Espírito Santo pode dar vida nova.

Ele nos leva ao conhecimento total de uma Igreja viva, missionária, através dos pastores que vão atrás das ovelhas. Ele nos faz descobrir a Igreja e mostra caminhos para nos encontrar com Cristo vivo hoje. Ele nos dá uma Igreja viva, onde todos os dons carismáticos e hierárquicos se manifestam com maturidade e profundidade. Ele nos introduz numa Igreja onde a luz do Espírito Santo faz brotar e desabrochar seus frutos. "Mas o fruto do espírito é amor, alegria, paz, longanimidade, benignidade, bondade, fidelidade, mansidão, autodomínio. Contra estas coisas não existe lei"[16].

Jesus veio revelar o homem ao homem. "E por isto precisamente Cristo Redentor [...] revela plenamente o homem ao próprio homem [...] No mistério da redenção o homem é novamente 'reproduzido' e, de algum modo, é novamente criado"[17].

---

16. Gl 5,22.

17. JOÃO PAULO II. *O redentor do homem* – Carta encíclica. São Paulo: Paulinas, 1979, p. 26. • GS, n. 22.

Este encontro nos convida a nos superar a nós mesmos por uma força que não é nossa, mas um dom que vem do alto.

Proclamação da Palavra de Deus

Ez 36,22-32; Jo 7,37-39

Sugestões de partilha

Ez 36,25: "Borrifarei água sobre vós e ficareis puros [...]".

Água é símbolo do Espírito, significa vida nova. Deus quer nos libertar de tudo que nos deixa impuros.

- De que pecado (impureza) preciso ser purificado hoje?
- Qual das minhas atitudes atrapalha mais a minha família e os outros?

Ez 36,26: "Dar-vos-ei um coração novo, porei no vosso íntimo um espírito novo, tirarei do vosso peito o coração de pedra e vos darei um coração de carne".

Deus quer nos transformar e converter o nosso coração.

- Eu estou disposto a me deixar invadir pelo Espírito Santo?
- De que renovação eu necessito mais neste momento de minha vida?

Ez 36,27-28: "Porei no vosso íntimo o meu espírito e farei com que andeis de acordo com os meus estatutos e guardeis as minhas normas e as pratiqueis [...] sereis o meu povo e eu serei o vosso Deus".

O Espírito Santo é vida e nos dá forças para vencermos o mal. Só com Ele é possível resistir e lutar contra as forças que querem nos dominar.

- Eu tenho consciência de que muita coisa em minha vida pode e deve mudar?
- Consigo viver segundo o Espírito de Deus e não sob o domínio dos instintos egoístas?

Ez 36,29: "Libertar-vos-ei de todas as vossas impurezas [...]".

Deus nos quer livres de qualquer tipo de prisão (autossuficiência, egoísmo...), para vivermos a plena liberdade.

- De que libertação e renovação estou necessitando?

- Quando alguém aponta o meu pecado eu aceito e me disponho a melhorar?

Ez 36,30: "Multiplicarei os frutos das árvores e o produto do campo, a fim de não voltardes a sofrer [...]".

Deus continua, hoje, multiplicando os frutos (amor, alegria, paz, bondade, felicidade, mansidão, autodomínio) para que, alimentando-nos deles, não voltemos à escravidão.

- Eu me alimento de quê na minha vida espiritual? Eu sou bem nutrido ou subnutrido?

Ez 36,31-32: "Então vos lembrareis dos vossos maus caminhos e das vossas ações que não eram boas e sentireis asco de vós mesmos [...]".

Na luz do Espírito Santo enxergamos onde fracassamos e como Deus nos tirou de nossas misérias.

- Que transformação houve depois que iniciei este caminho? Adquiri novos hábitos?

Jo 7,37: "[...] Jesus, em pé, disse em alta voz: 'Se alguém tem sede venha a mim e beba'".

Jesus convida a todos que têm sede para irem até Ele, que é a fonte de vida.

- Já experimentei da água que Jesus me oferece? Que sabor ela tem?

Jo 7,38: "[...] aquele que crê em mim! Conforme a palavra da escritura: De seu seio jorrarão rios de água viva".

Todo aquele que ouve, acredita e coloca em prática seu ensinamento torna-se cheio do Espírito Santo.

- Eu procuro estar em sintonia com Deus no meu dia a dia para que me torne uma pessoa cheia do Espírito Santo?

Atualização

A vida no Espírito, que Jesus nos apresenta, começa com a vivência das quatro virtudes básicas ou cardeais: a prudência, a justiça, a fortaleza e a temperança. Estas virtudes humanas têm o papel de "dobradiça". Não conhecemos o Espírito Santo em si, mas através das obras que Ele realiza. Sobre as virtudes humanas se agrupam todas as outras virtudes[18]. Para viver as virtudes teologais – a fé, a esperança e a caridade – se faz necessário a prática das virtudes cardeais.

O Espírito sopra onde quer, ninguém o vê. Como a criança não nasce pelas próprias forças, mas porque a mãe dá à luz. Assim, quando alguém nasce no Espírito, ele não sabe como, mas experimenta a presença do Espírito e a vida nova[19]. Ele sabe que é obra de Deus.

Precisamos pedir sempre este Espírito. Necessitamos dele quando rezamos ou lemos a Bíblia, trabalhamos ou participamos da comunidade. Os discípulos de Emaús conheciam a Bíblia de cor como lei, mas não como Palavra viva. Não tinha se encarnado ainda na vida deles. Isso aconteceu só depois do encontro com Jesus. Sabemos muita coisa, mas não entendemos o espírito das coisas. Jesus passou pela vida dos apóstolos, mas eles não o entenderam. Acontece caminharmos anos com alguém sem conhecê-lo. Mas de repente vem uma luz, como um estalo. Foi assim a experiência dos apóstolos. Não é uma história qualquer. Sem esta luz nunca chegaremos a conhecer a Bíblia como Palavra de Deus e nunca vamos conhecer o Espírito Santo.

A renovação da Igreja não consiste em trocar os bancos ou pintar as paredes da igreja, mas em viver a presença de Deus na vida e na comunidade, nas obras de caridade e na partilha. A fé que recebemos dos apóstolos não muda, mas a fé, como o fermento, vai mudar a massa de hoje. A nossa fé pode ser pequena como o grão de mostarda. Isso não tem importância, porque um homem de fé deixa de se apoiar nas suas forças e confia na força de Deus. Deus não tem tamanho. Ele é a força em totalidade. Assim como a mulher nunca está um pouquinho grávida. É tudo ou nada.

Oração

Vinde, Espírito Santo, vinde renovar a minha maneira de participar da Igreja de Jesus Cristo. Vinde com os vossos dons fortalecer e iluminar minha vontade e minhas ideias como membro desta Igreja. Não permita que eu me torne uma pessoa morna e um peso morto da Igreja, mas que ela se torne realmente luz conforme a vontade de Jesus, Nosso Senhor.

---

18. *Catecismo da Igreja Católica.* Op. cit., n. 1.805.

19. Jo 3,1-6.

1.20

A Igreja, continuação da obra de Jesus Cristo

Apresentação

Falar sobre a Igreja não é muito fácil. Muitas vezes ela é reduzida, também nos seus próprios documentos, à hierarquia. No entanto, o Concílio Vaticano II ensinou-nos que a Igreja é o povo de Deus, usando assim uma expressão que evoca toda a riqueza da caminhada da Igreja, e nos convida a viver a experiência do Êxodo através da celebração da Aliança e a nova Aliança em Cristo. O concílio resgatou toda a dimensão espiritual da Igreja. Ela é o lugar onde Deus trino se manifesta à humanidade. Ela é o corpo místico de Cristo caminhando para a plenitude dos tempos. Ela é ao mesmo tempo bem visível nos seus membros, mas invisível na sua essência.

Com a vinda do Espírito Santo sobre os apóstolos, começou o tempo da Igreja. Os Atos dos Apóstolos nos falam da história da Igreja nos primeiros tempos e como as dificuldades fazem parte do plano de Deus. A vida das primeiras comunidades, os primeiros passos fora da Judeia, o contato com outras culturas, as dúvidas, as preocupações e as divergências entre os apóstolos Pedro e Paulo são para nós um incentivo para enfrentarmos situações difíceis hoje. A Igreja é chamada para realizar uma missão no mundo. Fundamentada em Jesus Cristo, com o Evangelho e a doutrina dos apóstolos, ela deve continuar sua missão, Ele que não veio para ser servido, mas para servir e dar a vida em resgate de muitos (Mc 10,45).

Através de três elementos: a Palavra, a Eucaristia e a comunidade, a Igreja de Jesus Cristo continua presente e cumpre sua missão evangelizadora no mundo.

Proclamação da Palavra de Deus

Mt 16,13-20; At 2,42-47; 4,32-35

Sugestões de partilha

At 4,32: "A multidão dos que haviam crido era um só coração e uma só alma [...] tudo entre eles era comum".

Um só coração, uma só alma... significa que todos têm o mesmo espírito e a mesma vontade de viver o projeto de Deus.

- Participo da minha comunidade para, juntos, construirmos o projeto de Deus?
- Procuro envolver minha família, meus amigos neste projeto?
- Qual é a minha dificuldade em relação à Igreja?

At 4,33: "Com grande poder os apóstolos davam o testemunho da ressurreição do Senhor, e todos tinham grande aceitação".

Através dos dons da unidade, partilha, participação, a comunidade vai vivendo o amor de Jesus, dando testemunho da sua ressurreição.

- Eu me coloco a serviço da comunidade?
- De que maneira contribuo para manter esta unidade na minha comunidade?

At 4,34: "Não havia entre eles necessitado algum [...]".

Numa comunidade nunca pode haver necessitados, porque um completa o que falta ao outro.

- Para que não haja necessitados na minha comunidade, reconheço que preciso fazer a minha parte?

At 4,35: "[...] e os depunham aos pés dos apóstolos. Distribuía-se então, a cada um, segundo a sua necessidade".

Quando eu consigo enxergar e suprir a necessidade daqueles que Deus me confiou (minha família), com certeza, meus olhos se abrem para enxergar mais longe.

- Contribuo mensalmente com o dízimo, ajudando a suprir a manutenção da igreja?
- Sou consciente de que, quem é fiel no pouco, o será no muito?

- De que maneira tenho experimentado a fidelidade a Deus em minha vida?
- Tenho consciência de que a partilha é a condição fundamental para pertencer a uma comunidade?

Atualização

Nos primeiros séculos do cristianismo, apesar das perseguições, a Igreja crescia e se fortalecia e tinha uma grande vitalidade. Mas a partir da conversão do Imperador Constantino, em 313, a situação mudou. De um grupo de comunidades perseguidas ela se tornou a religião oficial. Começa a assumir outras responsabilidades quando o Estado ficava em falta, competindo assim com o poder civil. Agora sabemos que a Igreja carrega um fardo pesado por causa da sua história.

A Igreja de Cristo passou por momentos dolorosos. A divisão entre as Igrejas continua sendo uma grande chaga. Depois do Concílio de Calcedônia, em 451, algumas Igrejas do Oriente se afastaram por motivos teológicos. Estes primeiros concílios definiram a doutrina da Igreja a respeito de Jesus Cristo como uma só pessoa e duas naturezas: divina e humana. Muitas Igrejas acharam que Jesus não tinha a natureza divina. Depois, em 1054, muitas Igrejas do Oriente separam-se do Leste, da Igreja Católica, mais por motivos políticos e culturais, e insistem na sua definição como aqueles que têm a doutrina verdadeira, a ortodoxia. No século XVI as Igrejas da Reforma se separaram da Igreja Católica por motivos de discussão sobre as fontes da revelação: os sacramentos e o culto aos santos, e também por questões políticas. Os cristãos da Reforma aceitam somente a Bíblia como fonte da revelação, e por isso chamam-se cristãos evangélicos. Muitas coisas as separam, mas todas guardaram a fé, resumida no símbolo dos apóstolos. A divisão dos cristãos é um contratestemunho e escândalo, principalmente quando há violência e guerra. Mais do que nunca é preciso trabalhar em favor da unidade. Este trabalho chamamos ecumenismo.

Nos primeiros séculos a Igreja assumiu o papel de outras instituições religiosas na região mediterrânea. Ela assumiu e transformou toda a cultura e se tornou a base de toda a cultura ocidental, da Europa e da América. A base da cultura ocidental é Jerusalém, Roma e Atenas. Somos herdeiros de valores cristãos. Eles significam um passo à frente para a humanidade. A nossa literatura, filosofia, ideias políticas, a arte em todas as suas formas, carregam até hoje o selo da herança cristã, embora o mundo ocidental esteja longe de ser uma sociedade cristã.

A Igreja com suas escolas e universidades, embora com falhas, contribuiu muito e deixou uma herança inestimável para a civilização ocidental. No seu relacionamento com a sociedade civil a Igreja viveu os extremos. Embora o martírio nunca estivesse longe da Igreja, ela nem sempre notou as mudanças do mundo e nem soube ficar no seu lugar. Muitas vezes assumiu atitudes de desconfiança diante da evolução do tempo.

A lentidão da Igreja nas suas decisões não ajudou sempre o crescimento do Reino. "Feliz de quem entende que é preciso mudar muito para ser sempre o mesmo", dizia Dom Hélder Câmara. A história mostra que a santidade é possível em qualquer situação cultural ou histórica.

Uma das coisas importantes acontecidas na Igreja foi o Concílio Vaticano II. Neste concílio a Igreja olha para si mesma, questiona-se e se põe a dialogar com o mundo. A partir daí a Igreja passa a ser vista como povo de Deus, formada por todos os batizados. O papa, bispos, sacerdotes e todos os batizados participam da missão sacerdotal da Igreja. As distinções vêm depois. Mas desde o início encontramos o papel especial do bispo de Roma, e a missão dos bispos, presbíteros e diáconos, embora existam muitas maneiras de exercer estes ministérios.

A Igreja deve compreender cada dia mais sua missão, prestando atenção aos sinais dos tempos. Ela existe para evangelizar. Por isso uma das grandes preocupações hoje é tornar a pastoral mais evangelizadora, mais missionária. Isso quer dizer que precisamos ir ao encontro daqueles católicos, muito mais numerosos, que, por vários motivos, encontram-se afastados, menos envolvidos com a Igreja. Para isto é importante a formação dos católicos participantes, para que se tornem sujeitos ativos da evangelização. A Igreja deve passar de uma visão mais voltada sobre si mesma para uma Igreja mais voltada para o mundo. Ela deve se colocar num permanente processo de conversão.

O Papa João Paulo II convidou a Igreja a realizar uma "nova evangelização" porque grupos inteiros de batizados perderam o sentido vivo da fé, não se reconhecendo mais como membros da Igreja e vivendo uma vida distante de Cristo e seu Evangelho. Perderam todo o contato com a Palavra de Deus. No entanto ninguém nasce sozinho. Não é estudando sozinho a Bíblia que alguém se torna cristão. Nenhuma criança nasce sozinha. É a mãe que gera em suas entranhas a criança e dá à luz. É participando da comunidade com suas dificuldades e alegrias que cada um poderá crescer como cristão.

Lendo os sinais dos tempos, os bispos do Brasil nos convidam a participar das suas preocupações: "Evangelizar, a partir de Jesus Cristo e na força do Espírito Santo, como Igreja discípula, missionária e profética, alimentada pela Palavra de Deus e pela Eucaristia, à luz da evangélica opção preferencial pelos pobres, para que todos tenham vida rumo ao Reino definitivo"[20].

Oração

Senhor, agradeço-te pelo dom da Igreja. Peço para que eu possa me tornar um membro vivo, participando e assumindo minha responsabilidade como batizado, renascido em vosso Filho, Jesus Cristo e Senhor nosso.

---

20. CNBB. *Diretrizes gerais da ação evangelizadora da Igreja no Brasil, 2011-2015.* Op. cit., p. 94.

1.21

A VIDA ETERNA, A VIDA EM DEUS

Apresentação

Quando dizemos "creio na vida eterna", a nossa imaginação vai longe. O fundamento da nossa fé é a esperança que é dom de Deus. Dizer que há vida depois da morte é uma atitude de fé; não existe uma prova matemática[21].

Quando entramos no caminho de Deus, nós nos arriscamos e confiamos na Palavra dele. Ele nos promete que um dia entraremos na terra prometida. Por isso o cristão é aquele que continua até o fim no caminho da fé.

Neste caminho de fé, procuramos dar um sentido à nossa vida hoje. Precisamos dar um sentido à morte também. Muitas vezes ficamos chocados com a morte que nos surpreende de repente. Por mais que tenhamos fé, a morte é sempre muito dramática. No entanto, o último sentido da nossa vida, além de todas as limitações e limites humanos, encontramos em Jesus Cristo, que é sempre a última referência em nossa vida.

Proclamação da Palavra de Deus

2Cor 5,1-10; 1Cor 15,51-57. Juízo particular: Lc 16,19s.; 23,43. Céu: 1Jo 3,2. Purgatório: Mt 12,31; 1Cor 3,15; 1Pd 1,7; 2Mc 12,38. Inferno: 1Jo 3,15. Juízo final: At 24,15

Sugestões de partilha

2Cor 5,1: "Sabemos, com efeito, que, se a nossa morada terrestre, esta tenda, for destruída, teremos no céu um edifício, obra de Deus, morada eterna, não feita por mãos humanas".

---

21. Cf. BLANK, R.J. *Nossa vida tem futuro.* São Paulo: Paulus, 1991. • BLANK, R.J. *Quem afinal é Deus?* São Paulo: Paulinas, 1988.

Crer é importante, mas precisamos nos preparar para entrar neste novo edifício.

- Como eu vejo hoje a morte? Quais são os sinais de morte hoje?
- O que depende de mim para que haja uma nova terra e um novo céu?
- Qual a conversão de que necessito?

2Cor 5,2-3: "Tanto assim que gememos pelo desejo ardente de revestir por cima da nossa morada terrestre a nossa habitação celeste [...]".

Todo ser humano deseja viver uma felicidade sem limites. O mundo novo começa quando o pecado morre em nós. O mundo novo está presente em Jesus Cristo.

- Já experimentei em minha vida o fim do meu mundo? O que percebi?

2Cor 5,4-5: "Pois nós, que estamos nesta tenda, gememos acabrunhados, porque não queremos ser despojados da nossa veste [...]".

Perder e nos despojarmos daquilo que conquistamos gera sofrimento. Mas Deus permite certas decadências em nossa vida para nos ensinar que, mesmo no sofrimento, precisamos sobreviver. Temos sempre uma chance de reconstruir, pois é Deus quem reconstrói.

- Já experimentei alguma situação de decadência no meu casamento, na minha experiência familiar? Para reconstruir, de que precisei me despojar (orgulho, vaidade, falta de humildade, falta de iniciativa...)?
- Consigo enxergar em cada despojamento uma preparação para, um dia, deixar este corpo mortal?

2Cor 5,6-7: "[...] estamos sempre confiantes, sabendo que, enquanto habitamos neste corpo, estamos fora da nossa mansão, longe do Senhor, pois caminhamos pela fé e não pela visão [...]".

Enquanto estamos neste corpo temos a oportunidade de nos levantarmos do pecado, cientes de que a desobediência à Palavra de Deus nos faz entrar na morte.

- Esforço-me a cada dia para não entrar na escravidão e continuar no caminho da fé?

2Cor 5,8-9: "[...] esforçamo-nos por agradar-lhe, quer permaneçamos em nossa mansão, quer a deixemos!"

Muitas vezes nos preocupamos em agradar o filho, o marido, o amigo.

- O que faço para agradar ao Senhor?
- Visito doentes, evito o pecado, trato com amor e generosidade os pobres? Sou uma pessoa justa?

2Cor 5,10: "Porquanto todos nós teremos de comparecer manifestamente perante o tribunal de Cristo, a fim de que cada um receba a retribuição do que tiver feito durante a sua vida no corpo, seja para o bem, seja para o mal".

No momento da morte sou aquilo que fiz durante toda vida, não dá para fugir. O purgatório é a situação de purificação total. É o momento de a pessoa arrancar, desfazer todo mal que juntou durante a sua vida. É nesse perder que ela se salva.

Não sabemos nem o dia nem a hora que partiremos para o Pai. É importante vigiarmos, usar com sabedoria o tempo que nos resta.

- Qual o mal que preciso deixar de cometer?
- Qual o bem que necessito praticar?

1Jo 3,2: "[...] seremos semelhantes a Ele, porque o veremos tal como Ele é".

Morrer é nascer para uma dimensão que não conhecemos. Acreditamos na promessa de Deus que seremos semelhantes a Ele, porque o veremos tal como Ele é.

- Quero fazer da minha vida um novo céu e uma nova terra?
- Permito a sedução do mal entrar em minha casa pela TV, reclamações, impaciência, desobediência, experimentando o inferno na própria família?

Atualização

A partir do mistério pascal a vida e a morte passam a ter um novo sentido. "Nisso, o véu do Santuário se rasgou em duas partes, de cima a baixo, a terra tremeu e as rochas se fenderam" (Mt 27,51). É a ruptura entre a antiga e a nova Aliança.

Não temos motivos para nos preocupar com o fim do mundo anunciado por tantos profetas. Nem Jesus teve interesse por este fim. É o mundo que foi atingido pelo pecado que deve desaparecer. O próprio universo espera a salvação. Quando o homem é libertado da corrupção do pecado chega o fim do mundo velho. A natureza e o homem passam por um processo dinâmico de conversão e transformação e assim o mundo chega a sua plenitude, onde nenhuma mudança mais é possível. Será realmente o fim do mundo, porque chegou a sua finalidade (Ef 1,10).

A ressurreição, portanto, é o sinal definitivo do mundo novo. O novo mundo está presente em Jesus Cristo. Na ressurreição Deus supera até a morte; vemos que a morte não tem a última palavra, não existe mais. É o mundo novo.

A vida, após a morte, atinge a totalidade do ser humano. O ser humano possui uma alma. Para o homem bíblico não existe separação entre alma e corpo. Não é possível a alma continuar sozinha. Na morte o homem como tal desaparece, o homem todo está aniquilado. Aniquilação do ser humano não significa sua destruição para sempre. Mas é transformação. Na morte o homem se torna definitivo, ele se enxerga como ele é. No final, com plena consciência, vemos todo o nosso envolvimento com tudo, na dimensão histórica da nossa vida, como tudo que fizemos ou deixamos de fazer e as consequências de todos os nossos atos, na mesma linha como Deus vê. Ele vê tudo de uma vez. Nós vemos a própria vida como Deus a imaginou, como ela deveria ter sido. Este é o julgamento que nos reportará para um estado de vida.

Somos destinados para, após a morte, encontrarmo-nos definitivamente com Deus. Isso é o céu. No entanto nossa fé revela que Deus é amor. Não um amor que é fundamentado na troca, mas na total gratuidade. Portanto, a expressão maior desse amor gratuito só pode ser a liberdade humana. Crendo no amor de Deus e na liberdade humana, cremos também que alguém possa escolher estar longe de Deus para sempre. Isso é o inferno. Tanto o céu quanto o inferno podem começar aqui nesta vida e se prolongar eternamente.

Estes temas referentes à vida após a morte não devem ser para nós motivo de desânimo, sofrimento e desespero. A misericórdia de Deus é sempre maior do que qualquer pecado humano. Como expressão dessa misericórdia existe também, após a morte, a possibilidade do purgatório. Nele encontramos um espaço de preparação para o encontro definitivo com Deus, no céu.

Será sempre difícil falar da vida eterna, porque nossa linguagem é temporal e não podemos falar da vida sem imagens ligadas ao tempo. A vida eterna é estar diante de Deus, face a face. Enxergar o que hoje ainda está escondido. "Caríssimos, desde já somos filhos de Deus, mas o que nós seremos ainda não se manifestou. Sabemos que por ocasião desta manifestação seremos semelhantes a Ele, porque o veremos tal como Ele é" (1Jo 3,2).

Oração

Senhor, a partir de agora quero me entregar de corpo e alma a vossa misericórdia e crescer na fé com confiança e alegria que um dia possa estar diante do vosso trono. Peço a vossa misericórdia para que não me perca no caminho da vida. Amém.

Observação

No encontro seguinte podemos preparar e depois realizar a Celebração da cruz, que se encontra na III parte deste livro. Quem está participando dos encontros já percebeu que o cristão está na contramão do mundo. Vamos participar da celebração da cruz que mostra a missão e o futuro dos cristãos no mundo.

2. Os sacramentos da Igreja

2.1

Sacramentos, sinais de Jesus Cristo no caminho

Apresentação

Em todos os tempos, religiões e culturas, assim como aconteceu com o povo da Bíblia, os homens usam símbolos, ritos e celebrações. Também o cristianismo está repleto de ritos que acompanham e ao mesmo tempo transcendem a vida de cada dia. Os ritos e celebrações são os momentos privilegiados para expressar o sagrado[22]. Assim, podemos viver os sacramentos como sinais e símbolos, que nos acompanham nos momentos importantes na vida, como os sacramentos da iniciação que são momentos privilegiados no início da vida. Existem ainda os sacramentos que celebramos quando decidimos o rumo da nossa vida como o Sacramento do Matrimônio ou o Sacramento da Ordem. Existem os sacramentos da cura, como a penitência e a unção dos enfermos na hora do entardecer da vida, quando a idade e doença mostram que estamos numa encruzilhada.

Os sacramentos são sinais do amor de Deus, que tornam presentes a ação de Deus que fez um caminho na história do povo. O sacramento tem dois momentos: o momento histórico, por exemplo, quando Deus tirou o povo do Egito. Depois temos um segundo, que é a celebração da história, a celebração do amor e do mistério de Deus que a transcende. Quando contamos nossa vida, contamos histórias. Quando falamos de Deus, contamos a história da salvação. A encarnação de Jesus aconteceu na história, mas a celebração de Natal transcende a história. A celebração do sacramento se realiza onde a história e o mistério se cruzam. Os sacramentos são momentos que falam das maravilhas de Deus que se mostrou na história.

---

22. Cf. ROCCHETTA, C. *Os sacramentos da fé.* São Paulo: Paulinas, 1991.

Os sacramentos são momentos em que a Igreja canta e louva as maravilhas de Deus que provocam a estupefação da fé. Sem enxergar as maravilhas de Deus não existem sacramentos, não existe celebração. A missa é vazia e motivo de murmuração quando não percebemos a ação de Deus em nossa história. Nós vamos agradecer a Deus por quê?

Na celebração dos sacramentos temos sempre dois momentos: primeiramente, ela começa com a proclamação da Palavra, que não é a leitura de um simples acontecimento do passado. É a proclamação de um acontecimento que se realiza hoje: a nossa libertação. No segundo momento, alguns sinais sacramentais, como água, pão, óleo..., tornam presente o que simbolizam e levam ao efeito pleno a realidade proclamada. É o sinal de que a salvação se realiza e acontece hoje.

Neste encontro convidamos todos a abrir não somente os olhos, mas também os ouvidos, a mente e o coração, para descobrir como a vida está cheia de sinais, que ultrapassam aquilo que somente é visível aos olhos.

Proclamação da Palavra de Deus

1Cor 1,4-9

Sugestões de partilha

1Cor 1,4: "Dou incessantemente graças a Deus [...]".

Sem enxergar as maravilhas e sinais de Deus não existem sacramentos.

- Consigo enxergar nos sacramentos o sinal de salvação de Cristo no meio de nós?
- Agradeço a Deus pelos sacramentos que já recebi?

1Cor 1,5: "Pois fostes nele cumulados de todas as riquezas, todas as da palavra e todas as do conhecimento".

Jesus é a fonte de todos os sacramentos. A Igreja viu o lado aberto de Jesus, de onde correu sangue e água, como fonte inesgotável do amor de Deus.

- Diante de toda riqueza que a Igreja me oferece por meio dos sacramentos, qual é a minha resposta?

1Cor 1,6: "Na verdade, o testemunho de Cristo tornou-se firme em vós".

Seguir o Evangelho é exigente e nos leva a fazer de Cristo o nosso modelo de vida.

- Permito que a sua Palavra fecunde e se torne fonte da minha vida?

1Cor 1,7: "[...] a tal ponto que nenhum dom vos falte, a vós que esperais a Revelação de Nosso Senhor Jesus Cristo".

Jesus nos agracia com dons para que possamos servir nossos irmãos.

- Os sacramentos me trazem a libertação e me levam ao serviço dos irmãos? De que maneira?

1Cor 1,8: "É Ele também que vos fortalecerá até o fim, para que sejais irrepreensíveis no Dia de Nosso Senhor Jesus Cristo".

Através dos sacramentos Deus nos dá condições para vivermos a vida nova no Espírito todos os dias da nossa vida.

- Permito que o Espírito me renove? Ou vivo desanimado, preocupado?

1Cor 1,9: "É fiel o Deus que vos chamou à comunhão com o seu Filho Jesus Cristo, Nosso Senhor".

- Permaneço unido a Jesus (fonte dos sacramentos), consciente de que sem Ele nada posso fazer?
- Que importância têm os sacramentos em minha vida?

Atualização

Jesus é o anúncio e acontecimento da salvação. Ele é a fonte de todos os sacramentos. É a Palavra de Deus encarnada na história da salvação. Ele explicou, cumpriu e a realizou. Ele mandou os apóstolos fazerem a mesma coisa: "Fazei isto em minha memória". "Ide e batizai [...]". Hoje a Igreja continua fazendo isso. Celebrar os sacramentos é celebrar o anúncio e a realização do amor de Deus na vida.

A proclamação da palavra exige uma resposta. Quando Pedro anunciou: "Jesus ressuscitou", o povo perguntou: "O que devemos fazer?" Ele respondeu: "Convertei-vos". O sacramento é também uma resposta a um acontecimento de salvação hoje. Quando Paulo anunciou a salvação ao carcereiro que quis se suicidar e aceitou o anúncio, ele o batizou no cárcere mesmo.

Por exemplo: num bom teatro reconhecemos a própria vida. Mas não é o teatro que nos liberta. A missa não é teatro. A renovação da liturgia não se faz trazendo elementos do teatro dentro da missa. A libertação é realizada por Jesus Cristo. Ele se torna de fato alimento. Entrar na liturgia é fazer uma experiência com a própria personalidade. Não é preciso explicar a liturgia, mas vivê-la[23].

Onde Jesus falou dos 7 sacramentos? Eles não se encontram na Bíblia literalmente. Mas o fundamento é o próprio Cristo. Os sacramentos têm sua fonte bíblica, porque vêm de Cristo. A Igreja viu o lado aberto de Jesus, de onde correu sangue e água, como fonte inesgotável do amor de Deus.

A Igreja chama o Batismo, Confirmação ou Crisma e a Eucaristia os sacramentos da iniciação cristã, porque através destes sacramentos são lançados os fundamentos da fé cristã. Os fiéis, renascidos no batismo, fortalecidos pela confirmação e alimentados na Eucaristia, estão em condições para crescer na vida cristã.

Oração

Fiquemos de ouvidos atentos e olhos abertos para perceber a manifestação dos sinais concretos pelos quais o Senhor fala a sua Igreja. Em postura de acolhimento e abertura para ouvir o que Ele tem a nos dizer, invoquemos a Ele, pedindo:

- Fala, Senhor, pela Bíblia.

Eu quero te ouvir.

- Fala, Senhor, pelos fatos e acontecimentos.

Eu quero te ouvir.

- Fala, Senhor, por meio da Igreja e pelas pessoas.

Eu quero ouvir tua voz.

---

23. DANNEELS, G.K. "A obra de um Outro". *30 Dias*, n. 1, jan./1996, p. 48-52.

2.2

Batismo, um novo nascimento

Apresentação

O batismo é o sacramento da regeneração pela água na Palavra. Pelo batismo somos libertados do pecado, regenerados como filhos de Deus e membros da Igreja, participantes de sua missão[24]. É o banho da regeneração a partir da água e do Espírito, sem o qual "ninguém pode entrar no Reino de Deus" (Jo 3,5). "Os seres humanos, libertos do poder das trevas, graças aos sacramentos da iniciação cristã, mortos com Cristo, com Ele sepultados e ressuscitados, recebem o Espírito de filhos adotivos e celebram com todo o povo de Deus o memorial da morte e da ressurreição do Senhor"[25].

Na noite pascal a Igreja celebra solenemente a memória dos grandes acontecimentos da história da salvação que prefiguravam o mistério do batismo. Desde a origem do mundo a água é a fonte da vida. Sobretudo a travessia do Mar Vermelho, verdadeira libertação de Israel da escravidão do Egito, anuncia a libertação do pecado. Foi principalmente na sua Páscoa que Cristo abriu para todos os homens as fontes do batismo. A partir de então é possível nascer da água e do Espírito. A partir de Pentecostes a Igreja celebrou e administrou o batismo.

Desde os tempos apostólicos a entrada na Igreja se realiza por um itinerário e uma iniciação que passa por várias etapas, que é percorrido com rapidez ou lentamente. É um caminho[26]. Esta iniciação cristã, o catecumenato, passou por um grande desenvolvimento nos primeiros séculos do cristianismo. O significado do batismo aparece nos próprios ritos da celebração. Este itinerário tem alguns elementos essenciais. O sinal da cruz, o anúncio da Pa-

---

24. Cf. SAGRADA CONGREGAÇÃO PARA O CULTO DIVINO. *Rito da iniciação cristã dos adultos.* São Paulo: Paulinas, 1975. • CNBB. *O itinerário da fé na "iniciação cristã de adultos".* São Paulo: Paulus, 2001 [Estudos da CNBB n. 82].

25. Concílio Vaticano II: *Decreto sobre a ação missionária da Igreja,* Ad Gentes, n. 14.

26. At 9,2; 24,14.

lavra com o acolhimento do Evangelho que inclui uma conversão, a libertação do pecado através de exorcismo, a profissão de fé, a água batismal e o batismo, a unção com o santo óleo simbolizando a efusão do Espírito Santo, veste branca do homem novo, a luz, o Pai-nosso, o acesso à Eucaristia. A celebração destes mistérios chamamos mistagogia. Ela que deixa transparecer o significado do batismo.

O batismo não é só importante, mas uma necessidade. É um caso de vida ou morte. Ou vivemos o batismo e temos um futuro de vida nova, ou ficamos no pecado e morremos. Porque o salário do pecado é a morte e até a morte física. Hoje isso é claro, porque a morte está bem perto. Se contarmos os abortos, os assassinatos, os que morrem por fome ou violência, percebemos que escapamos por pouco da morte física. Nós somos o povo que saiu da terra da escravidão, o nosso Egito. Deus abriu o mar da morte dos nossos pecados.

A Igreja verifica antes do batismo se o candidato já está dando sinais de vida nova. A Igreja batiza alguém não para fazer de um pagão um cristão, mas porque através de um caminho alguém já se tornou cristão. O batismo é o selo da vida nova. Os antigos escrutínios têm esta finalidade. O padre não pode batizar um adolescente, jovem ou adulto e nem uma criança, se não tem uma garantia de fé. O batismo não é um rito mágico que faz de um pagão um cristão. O sentido dos diversos ritos é exatamente levar a pessoa a uma fé adulta. O batismo é um caminho.

O batizado é uma pessoa iluminada, isto é, consegue dar um sentido aos acontecimentos da sua vida, à luz da revelação progressiva de Deus que tem como ponto culminante seu Filho Jesus Cristo.

Somos convidados a viver o nosso batismo como caminho de conversão. Quando ele é recebido ou vivido como resultado de um caminho de fé, experimentamos, realmente, um novo nascimento.

Proclamação da Palavra de Deus

Jo 3,1-11; Rm 6,1-11

Sugestões de partilha

Água batismal: Símbolo da vida – mergulhar (morrer e ressuscitar)

Vela do batismo: Luz de Cristo ressuscitado

Óleo: Quem é ungido recebe uma força a mais

Veste branca: Vida nova que recebemos

Nome: Cristão

Sinal da cruz: Sinal do cristão

Jo 3,3: "Em verdade, em verdade, te digo: quem não nascer de novo não pode ver o Reino de Deus".

Nascer de novo é nascer para uma vida nova, vivendo no Espírito de Jesus. Nascer de novo é uma questão de vida ou morte. O pecado nos leva inevitavelmente à morte.

- Estou entendendo que o pecado me leva à morte? (egoísmo, separação, violência, fome, eutanásia, drogas, aborto...).
- Qual é o sabor de uma vida de escravidão e pecado?
- Na Bíblia, o mar é o sinal da morte. Deus abriu o mar para o povo de Israel. É o sinal do batismo. Quando Deus abriu o mar da morte para você?
- Estou disposto a fazer brotar a graça do batismo em minha vida?

Jo 3,5: "Em verdade, em verdade, te digo: quem não nascer da água e do Espírito não pode entrar no Reino de Deus".

A água e o Espírito são o amor de Jesus até as últimas consequências. O cristão é aquele que assume a sua missão até as últimas consequências.

- Como batizado, sou um sinal de vida nova? Ou reclamo muito? Sou luz na família?

Jo 3,6: "O que nasceu da carne é carne, o que nasceu do Espírito é espírito".

Nascer de novo é passar a viver de acordo com o Espírito, e não de acordo com os nossos próprios caprichos e vontades.

- Estou assumindo o meu batismo através de uma decisão e conversão pessoal?

Jo 3,7: "Não te admires de eu te haver dito: deveis nascer do alto".

"Nascer do alto" é viver a vida no Espírito.

- Como batizado deixo-me levar pela prática de vida de Jesus, dizendo não ao pecado?
- Tenho dado minha vida à minha família, comunidade... num amor sem limites? De que maneira?

Jo 3,8: "O vento sopra onde quer e ouves o seu ruído, mas não sabes de onde vem nem para onde vai. Assim acontece com todo aquele que nasceu do Espírito".

Os que nasceram do Espírito não estão sozinhos na missão; são movidos pelo Espírito, que os leva a fazer o que Jesus fez.

- Em que situações senti, de maneira forte, a presença do Espírito Santo movendo a minha vida?
- Tenho os valores de vida que o meu batismo me confere ou os valores que o mundo me transmite?

Jo 3,11: "[...] falamos do que sabemos e damos testemunho do que vimos, porém não acolheis o nosso testemunho".

O apóstolo é testemunha daquilo que ele viu e ouviu de Jesus.

- Eu acredito e aceito a palavra da Igreja na qual fui batizado?
- Com que Palavra de Deus e com que palavra da Igreja tenho mais dificuldades?
- Tenho consciência de que viver os verdadeiros valores cristãos é enfrentar grandes desafios no mundo de hoje?

Atualização

Deus nos quer tirar da morte. O batismo é a passagem da morte para a vida. O sacramento é o sinal deste novo nascimento. É entrar nas águas, para nascer de novo. É importante o sinal do batismo de imersão, que demonstra mais claramente a participação na morte e ressurreição de Cristo. Quando batizamos uma criança por imersão, não precisamos mais explicar nada. O símbolo fala por si mesmo.

A Igreja desde os tempos antigos batizou crianças como expressão de amor de Deus para os pequenos. Já que as crianças participam da natureza humana caída, elas também necessitam da vida nova do batismo. Embora existam muitos outros motivos, os pais sabem disso e levam a criança à igreja para o batismo logo depois do seu nascimento. As crianças também necessitam de libertação e transformação. A educação para a vida nova começa desde o primeiro dia da existência do ser humano. Pais cristãos sabem que Deus lhes confiou uma vida como um grande presente, mas também com uma grande responsabilidade.

A criança que experimenta cada dia a vivência cristã dos pais aprende a resgatar os valores do batismo. Precisamos viver a Palavra de Deus, fazer boas obras para que os outros, vendo-as, possam glorificar o Pai. Deus nos chamou para ser sal e dar sabor à vida dos filhos, dos irmãos e da sociedade. Que tipo de sabor sou eu dentro da minha casa, no mundo lá fora? Não se pode esconder a cidade sobre o monte. Os pais são modelos do visual da criança. Através de que prisma a criança está olhando para esta cidade? Minha família é luz sobre a montanha? Qual a imagem que a criança tem do pai, da mãe, de seus familiares? Eu sou uma luz na minha família? O dia em que descobrimos Jesus Cristo passamos a experimentar a luz e o sal. Sentimos vontade de ser luz. Tudo que aprendo não posso mais esconder de ninguém. Bem ou mal, eu sou transparente, eu mostro aquilo que sou. E a criança, sem usar palavras, vai incorporando a diferença entre a verdade e a mentira. Por isso é preciso ser coerente na vida e é importante viver aquilo que estou proclamando. O resto não deixa de ser uma mentira e deixa a criança insegura. As crianças precisam de segurança.

Pela própria natureza do batismo as crianças devem passar mais tarde pelo catecumenato, que para os adultos antecede o batismo.

> Pela sua própria natureza, o batismo das crianças exige um catecumenato pós-batismal. Não se trata somente da necessidade de uma instrução posterior ao batismo, mas do desabrochar necessário da graça batismal no crescimento da pessoa. É o lugar próprio do catecismo. O Concílio Vaticano II restaurou, para a Igreja latina, o catecumenato dos adultos, distribuído em várias etapas[27].

Ninguém nasce cristão, mas se torna cristão. É necessário assumir um dia o batismo através de uma decisão e conversão pessoal. Para isso, pode-se reconhecer que

> A primeira urgência da atuação da Igreja em ordem à fé dos fiéis é oferecer-lhes a real possibilidade de descobrir e percorrer o roteiro da iniciação cristã – a experiência do seguimento de Cristo – adequada à idade e maturidade pessoal. A urgência se tornou maior para boa parte das novas gerações, porque em nossa sociedade muitas famílias não sabem ou não querem propiciar a educação na fé. No contexto atual de pluralismo religioso e de confusão das informações, é extremamente importante que a Igreja ofereça algo semelhante ao antigo catecumenato para a educação na fé e a experiência do seguimento de Cristo[28].

Para atender a educação da fé a Igreja oferece aos seus fiéis uma proposta de formação com formas e linguagem variadas para que cada pessoa possa

---

27. *Catecismo da Igreja Católica*. Op. cit., p. 1.231-1.232. Sobre o batismo para crianças em etapas, cf. SAGRADA CONGREGAÇÃO PARA O CULTO DIVINO. *Ritual do batismo de crianças*. São Paulo: Paulinas, 1999.

28. CNBB. *Diretrizes gerais da ação evangelizadora da Igreja no Brasil 1995-1998*. São Paulo: Paulinas, 1995, p. 139 [Doc. n. 54].

viver em permanente conversão pessoal, reconhecendo-se filho(a) de Deus, e portanto sal e luz no mundo.

Por isso é importante celebrar o batismo com toda solenidade. Deve ser uma festa onde os batizados são recebidos de braços abertos dentro da comunidade.

Oração

Deus Pai, agradeço-vos pelo dom da vida, e mais ainda pela vida nova que o Senhor me quer dar. Peço para que o Senhor abra meus olhos e ouvidos para que eu possa crescer a cada dia e me tornar um verdadeiro filho(a) e discípulo(a) de Jesus. Amém.

2.3

Confirmação, a força do Espírito Santo

Apresentação

A Crisma é um dos três sacramentos da iniciação cristã e nos dá a força para nos tornarmos fortes e dar a vida com e por Jesus Cristo. O Espírito Santo é a presença amorosa e também a força de Deus em nossa vida.

Quando o Espírito Santo desceu sobre os apóstolos eles começaram a proclamar as maravilhas de Deus, aquilo que eles experimentaram com Jesus. Os apóstolos nos convidam a receber a plenitude do Espírito Santo. A crisma é a realização da promessa de Jesus Cristo em cada um de nós. É o selo do Espírito.

A imposição das mãos pelo bispo é um sinal. No crismando deve continuar a graça de Pentecostes para levar o Cristo até aos confins do mundo. O óleo do Crisma é um óleo perfumado. Óleo é força, bálsamo, sinal de abundância, de santidade, de purificação. O cristão deve ter dentro de si o perfume do Espírito Santo e mudar o ambiente onde ele está.

Quem é adulto na fé recebe, pelo Sacramento da Confirmação, o dom de Deus, que é o Espírito Santo. Ele nos impulsiona para viver a vida em plenitude.

Proclamação da Palavra de Deus

Gl 5,13-26

Sugestões de partilha

Gl 5,13: "Vós fostes chamados à liberdade [...] colocai-vos a serviço uns dos outros".

Quem é crismado não pode voltar mais à escravidão do pecado, mas é chamado para servir em liberdade e fielmente o Senhor.

- Como um cristão adulto na fé, já descobri e estou assumindo meu lugar na comunidade?

Gl 5,14: "[...] Amarás a teu próximo como a ti mesmo".

Quando amamos a Deus sobre todas as coisas nos tornamos pessoas livres e, na liberdade, conseguimos amar o próximo como a nós mesmos.

- Eu me respeito, amo a mim mesmo, cuido da minha saúde? Abste-nho-me de fumo, droga, bebida..? Sei trabalhar e descansar sem exage-ros?
- Respeito e amo o meu próximo aceitando-o como ele é, entendendo-o e valorizando-o?

Gl 5,16: "[...] conduzi-vos pelo Espírito e não satisfareis os desejos da carne".

Viver o desejo da carne é viver a superficialidade da vida, aquilo que causa alegria apenas de momento. Viver no Espírito é viver a profundidade do amor de Deus.

- Deixo-me conduzir pelo Espírito de Jesus para fazer o bem e evitar o mal? De que maneira?

Gl 5,19-21: "Ora, as obras da carne são manifestas: fornicação, impureza, libertinagem, idolatria, feitiçaria, ódio, rixas, ciúmes, ira, discussões, discór-dia, divisões, invejas [...] como já vos preveni: os que praticam tais coisas não herdarão o Reino de Deus".

No cristão está presente a graça de Deus. Ele se torna responsável quando permite que o mal (caprichos, ciúmes, discórdia...) tome o lugar da graça, ofendendo assim a Deus, ao próximo e à comunidade.

- De qual destas situações de mal preciso me libertar? O que tenho feito para sair destas situações?

Gl 5,22-23: "Mas o fruto do Espírito é amor, alegria, paz, longanimidade, benignidade, bondade, fidelidade, mansidão, autodomínio [...]".

Viver guiado pelo Espírito é um grande desafio, que nos dá a certeza da ale-gria do Reino de Deus.

- Vejo os frutos do Espírito em minha vida? Encontro dificuldades?
- Estou disposto a fazer esta experiência?

Gl 5,25: "Se vivemos pelo Espírito, pelo Espírito pautemos também nossa conduta".

Se vivemos pelo Espírito não podemos nos deixar conduzir pela força do mal. É preciso resistir.

- Com a minha conduta, tenho ensinado meus filhos, meus familiares, a lutarem contra as forças do mal? (preguiça, medo, desobediência, injustiças...).

Gl 5,26: "Não sejamos cobiçosos de vanglória [...]".

Devemos viver com humildade e servir com amor.

- Sei que não devo me vangloriar das coisas que faço? Reconheço que nada conseguiria fazer se não fosse pela graça de Deus?
- Vivo com liberdade minha condição financeira de vida? Minha família vive nesta liberdade?

Atualização

Pelos sacramentos da iniciação, Batismo, Crisma e Eucaristia, entramos e somos acolhidos na Igreja. O responsável por esta acolhida é o bispo. É ele que tem a chave e abre para nós a porta. Como porteiro ele dá acesso à Igreja, e por isso ele mesmo administra normalmente o Sacramento da Crisma ou a conclusão da iniciação cristã. É ele também que consagra os santos óleos na Quinta-feira Santa para toda a diocese.

> Os batizados, ao receberem a Confirmação, "são mais perfeitamente vinculados à Igreja, enriquecidos com uma força especial do Espírito Santo, e deste modo ficam obrigados a difundir e defender a fé por palavras e obras como verdadeiras testemunhas de Cristo". O itinerário da iniciação cristã alcança o seu coroamento e o seu ápice com a Eucaristia, pela qual o batizado insere-se plenamente no Corpo de Cristo[29].

Todos os que foram ungidos são consagrados como templo do Espírito Santo. No batismo e na Primeira Comunhão/Eucaristia, muitas vezes são ainda os pais que assumem a responsabilidade da vida cristã dos filhos. Mas chega o dia em que o jovem ou adulto deve dar pessoalmente um passo em sua vida. Ninguém pode ser cristão por acaso ou por tradição. Um dia, cada um deve tomar uma decisão individual. O crismado é aquele que tem condições e está disposto a dar razão de sua fé em todos os ambientes e em todas as situações de sua vida. Como adulto na fé ele está preparado e ajuda a reali-

---

29. JOÃO PAULO II. *Exortação apostólica pós-sinodal "A Igreja na América".* São Paulo: Paulinas, n. 163, p. 57.

zar a missão da Igreja com palavras e como testemunha. Alguém é crismado porque tem raízes profundas na filiação divina.

Os sete dons do Espírito Santo:

Sabedoria: Por este dom Deus nos dá o discernimento e nos inspira a verdadeira sabedoria.

Entendimento: Dá-nos a graça de termos um coração sensível às inspirações de Deus.

Ciência: Com este dom o Espírito Santo ilumina a nossa mente a valorizarmos cada vez mais a criação de Deus.

Conselho: Dá-nos a graça de agirmos de acordo com o bem, conforme a vontade de Deus.

Piedade: Aproxima-nos de Deus e nos leva a viver na intimidade dele.

Fortaleza: Este dom nos dá força para vencermos as dificuldades e o mal.

Temor de Deus: Dá-nos a graça de reconhecermos Deus como Pai e, com humildade e amor, vivermos como irmãos.

Oração

Vinde, Espírito Santo, enchei o coração dos vossos fiéis e acendei neles o fogo do vosso amor. Enviai o vosso Espírito e tudo será criado. E renovareis a face da terra!

Oremos: Ó Deus, que instruístes os corações dos vossos fiéis com a luz do Espírito Santo, fazei que apreciemos retamente todas as coisas segundo o mesmo Espírito e gozemos sempre de sua consolação. Por Cristo Senhor Nosso. Amém.

2.4

EUCARISTIA, A PÁSCOA DE JESUS

Sugestão: *No final deste encontro propomos uma pequena celebração ao redor das duas mesas, do Antigo e do Novo Testamento. Tratamos da Eucaristia, celebração da nossa páscoa, na sequência dos encontros.*

Apresentação

Neste encontro aprendemos a celebrar o fundamento da nossa fé, a entrega de Jesus até o extremo, sua entrega até à morte, como realização e cumprimento de toda história da salvação.

Muitas pessoas querem uma explicação da missa, parte por parte. Isso não tem muito sentido, porque a missa não tem partes propriamente; ela é uma grande ação de graças, uma grande proclamação das maravilhas de Deus na história. Sem esta visão total não dá para entender o que é a Eucaristia.

Quando Deus entra em nossa vida, Ele nos coloca no caminho e não permite que fiquemos sentados. Quando Abraão ouviu a voz de Deus, ele começou um caminho. Quando Moisés por sua vez ouviu a voz, ele voltou para o Egito. Quando a samaritana descobriu Jesus, ela foi para a cidade proclamar o que Ele fez. Quando os discípulos de Emaús perceberam a presença de Cristo ressuscitado, tomaram o caminho de volta. A celebração da Eucaristia faz com que caminhemos. Toda a celebração da nossa fé hoje nos coloca em movimento. Cada Eucaristia é uma celebração dinâmica, é uma ação de graças.

Proclamação da Palavra de Deus

Ex 12,1-14.26-28; Lc 22,7-20

Sugestões de partilha

Ex 12,7: "Tomarão do seu sangue e pô-lo-ão sobre os dois marcos e a travessa da porta nas casas em que o comerem".

A porta marcada com o sangue do cordeiro foi sinal da proteção de Deus. Com este sinal os israelitas foram identificados como povo de Deus.

- Hoje qual o sinal que me identifica como cristão?

Ex 12,8: "Naquela noite, comerão carne assada no fogo; com pães ázimos e ervas amargas a comerão".

A noite da Páscoa é uma noite cheia de símbolos. Na mesa da Páscoa estão presentes os sinais da noite da libertação.

- Em que situação da minha vida experimentei o pão da pressa, a erva amarga? Em que momento da minha vida comi pão azedo ou duro?

Ex 12,11: "É assim que devereis comê-lo: com os rins cingidos, sandálias nos pés e vara na mão, comê-lo-eis às pressas: é uma Páscoa para Iahweh".

Precisamos estar sempre prontos e atentos diante da graça de Deus, que vem ao nosso encontro para nos libertar?

- O que tenho feito para me manter em prontidão diante da graça de Deus?

Ex 12,14: "Este dia será para vós um memorial e o celebrareis como uma festa para Iahweh; nas vossas gerações a festejareis; é um decreto perpétuo".

A Páscoa é a principal celebração do cristão. Celebrar a Páscoa é transmitir a fé aos filhos.

- De que maneira eu e minha família celebramos a Páscoa? (Eucaristia).

Ex 12,26-28: "Quando vossos filhos vos perguntarem que rito é este? [...]".

- Quando meu filho ou amigo(a) me perguntar: "Por que tenho que ir à missa?", o que lhe responderei?

Atualização

Celebrar a Eucaristia é um grande ato de ação de graças, pela história, pela nossa história, pelo dia que o Senhor fez para nós. É a resposta ao querigma do anúncio da vida[30]. Quando na Páscoa, de manhã, as mulheres foram ao túmulo e viram-no vazio, ficaram com medo. Só depois que receberam o Espírito de Cristo ressuscitado voltaram a viver de verdade. O importante é experimentar este Espírito dentro de si como a Boa-nova. Quando os apóstolos receberam o Espírito de Jesus Cristo começaram a anunciar e pregar. Durante todo este tempo a Igreja viveu na presença e experimentou o poder de Cristo. Os apóstolos experimentavam o Cristo vivo na fração do pão, na Aliança do seu corpo e do seu sangue. Inicialmente, eles celebravam a Eucaristia dentro da páscoa judaica. Quando eles começam a escrever sobre a Eucaristia, ensinam só aquilo que Jesus fez diferente dos antigos. Todos os hebreus sabem muito bem o que é celebrar a Páscoa. Os apóstolos não falam tudo o que Jesus fez na Última Ceia, porque todos sabiam. Contam só a novidade: "Fazei isto em 'minha' memória". Antes celebravam em memória das maravilhas que Deus fez na noite da saída do Egito. Agora celebram em memória de Jesus. A Última Ceia não foi um jantar de despedida. Foi a celebração da Páscoa.

Na noite em que foi celebrada a ceia pascal caiu sobre o Egito a 10ª praga, a morte dos primogênitos egípcios. É a noite em que Deus fez sair o seu povo do Egito, é a noite em que Deus abriu o mar. Depois da passagem dos hebreus, o exército do faraó entrou também no mar, mas Deus mostrou o seu poder cobrindo-o com as águas. Depois da libertação do Egito a Páscoa tornou-se a recordação da passagem da escravidão no Egito para a liberdade.

Comendo todos os anos o cordeiro pascal, os hebreus participam e se tornam herdeiros espirituais dos frutos daquela primeira libertação. O pão ázimo é o símbolo daquela partida rápida do caminho ainda por trilhar para alcançar a plena liberdade. "Cozeram pães ázimos com a farinha que haviam levado do Egito, pois a massa não estava levedada: expulsos do Egito, não puderam deter-se e nem preparar provisões para o caminho" (Ex 12,39).

A noite da Páscoa é uma noite cheia de símbolos. Na mesa da Páscoa estão presentes os sinais da noite da libertação, o cordeiro imolado e o sangue sobre a travessa da casa, o pão ázimo que lembra a pressa, as ervas amargas e a argamassa, sinal do trabalho dos escravos.

Páscoa judaica é uma festa importante e fundamental, cheia de sinais, trazendo para hoje toda a amargura da vida no Egito, mas também o vinho, símbolo da festa e da libertação.

---

30. ROCCHETTA, C. *Os sacramentos da fé.* São Paulo: Paulinas, 1991.

Quando entraram na terra prometida começaram a celebrar a sua história. Todos os necessitados e os que estão com a vida amargurada são convidados a fazer a sua passagem, sua Páscoa com eles. Na noite da Páscoa, Jesus pronunciou a bênção sobre o cálice, proclamando as maravilhas realizadas por Deus. Deus nos libertou e, se não fosse assim, não estaríamos aqui. O pai de família conta esta grande história e também a história de Deus na sua vida. Celebrar a Páscoa é transmitir a fé aos filhos. A participação das crianças é fundamental na Festa da Páscoa do povo de Deus. Elas não entendem o que está acontecendo, mas os pais têm neste momento a grande responsabilidade de explicar e de transmitir a sua história e a sua fé. "Quando teu filho te perguntar por que esta noite é diferente e por que nos encontramos esta noite aqui" (Ex 12,26), você conta a sua história. Proclamamos a nossa libertação. É uma grande missão do pai de família transmitir a fé, sua história de salvação, de geração em geração. Celebrar a Páscoa é dar catequese familiar.

A fé não é teoria, nem ideologia, é a experiência da mão poderosa de Deus, ontem e hoje. Deus que libertou nossos pais nos convida a celebrar a Páscoa. A celebração da passagem da morte para a vida.

Na Última Ceia, Jesus celebra a Páscoa, sentado com os seus. Ele agora lhes oferece o pão como comida e vinho como bebida, transformados no seu corpo e no seu sangue, não mais como memorial da libertação do Egito, mas da sua páscoa. Ele é o cordeiro pascal que morreu em nosso lugar. O cristão celebra aquela libertação que Jesus fez passar da morte para a glória. Celebramos a "passagem" não do anjo exterminador, mas do Cristo, que significa também a nossa passagem da morte para a vida. Proclamamos: "Jesus é o Senhor, Deus o ressuscitou". A Eucaristia, portanto, é o banquete em que se celebra o mistério da Páscoa, renova-se a aliança e se atualiza o sacrifício da salvação.

A nova Páscoa é a passagem de Jesus deste mundo para o Pai, depois de ter dado o seu corpo e derramado o seu sangue pela redenção dos homens.

A Eucaristia é o memorial dessa imolação do cordeiro e desse banquete, através do qual se atualiza a grande passagem de Jesus deste mundo para o Pai. O êxodo de salvação se renova em nós e por nós.

> De fato, Israel foi o povo convocado pelo Senhor em assembleia para o culto de "Deus único dos pais", que se revelou como Senhor: um Deus para nós, e, portanto, vivo e atuante na história. Marcou profundamente Israel a libertação exaltada no êxodo, que junto com a criação, a eleição e a aliança são os motivos do culto do povo ao Senhor. [...] O mistério pascal de Cristo é o centro da história da salvação e por isso o encontramos na liturgia como seu objeto e con-

teúdo principal. Esse mistério envolve toda a vida de Cristo e a vida de todos os cristãos[31].

Muitas pessoas tentam esconder ou apagar da memória sua origem, principalmente quando esta foi humilde e sofrida. O povo de Deus faz questão de recordá-la sempre. Menciona diariamente, nas suas preces, que foi um povo escravo no Egito e que Deus o libertou dessa precária condição humana. Este constante recordar e relembrar o passado serve para que tenhamos sempre em mente que Deus não apenas rege o mundo pela natureza, mas também através dos anais da história universal. Assim, temos de apreciar e valorizar nossa liberdade e nossa missão de manter e transmitir esta fé de geração em geração, como forma de garantir e perpetuar a condição de sermos livres.

Deus, que libertou nossos pais no Egito, convida-nos a celebrar a Páscoa de Jesus, que é, também, a nossa Páscoa, passagem da morte para a vida eterna.

Sem conhecer a história de Israel é impossível entender a Eucaristia. Por isso estas perguntas:

- Que libertação você está celebrando na Eucaristia hoje?
- Você tem passado esta experiência de vida a seus filhos (e a outras pessoas) como o próprio texto repete algumas vezes explicitamente?

Celebração

Com.: Agora somos convidados a participar de uma celebração onde preparamos duas mesas: a mesa do Antigo e a mesa do Novo Testamento. Não vamos celebrar o Sêder, mas conhecer alguns elementos do texto sobre a sua preparação, que é o roteiro da celebração da Páscoa judaica e a maneira de preparar alguns sinais e uma receita do pão ázimo. Isso nos ajuda a entender o significado e a diferença, e, ainda mais, a continuidade da Páscoa da primeira e da segunda aliança.

Proclamação da Palavra de Deus: Ex 12,37-49; 13,11-16

Reflexão sobre o Sêder

Um momento todo especial na vida familiar judaica é a hora do Sêder. Nele o povo judeu resgata sua memória trimilenar e vivencia a época na qual uma grande família conquistou sua liberdade e soberania e passou a conviver no palco das nações como um povo no sentido mais pleno.

---

31. CNBB. *Animação da vida litúrgica no Brasil.* São Paulo: Paulinas, 1990, n. 45 e 48 [Doc. n. 43].

É revivendo os episódios desta saga que culminou no Êxodo do Egito que a família judaica congraça-se e renova sua crença num mundo livre e mais humano.

Esta Hagadá, que ora apresentamos, reflete este anseio[32].

Com.: Acompanhemos a apresentação das mesas:

Mesa do Antigo Testamento

Pão ázimo[33]
Pão da pressa. Pão da pobreza que nossos pais comeram no deserto. Dois pães, como lembrança da dupla quantidade de maná que nossos pais recolhiam na sexta-feira para que servisse também para o sábado, que é o dia do Senhor (Ex 16,9-30).

Ovo
Ovo cozido com casca e chamuscado no fogo. O ovo, um símbolo de tristeza, lembra-nos a destruição do Templo e, ao mesmo tempo, expressa nossa esperança em sua reconstrução em breve.

Verdura amarga
Verdura, raiz forte e legumes, como salsão, rabanete ou batata cozida. Ao lado da travessa uma tigela com água, sal e vinagre, onde serão mergulhadas as verduras, simbolizando as lágrimas amargas derramadas por nossos antepassados.

Alface
Alface romana, meticulosamente inspecionada e limpa de vermes e impurezas.

---

32. FRIDLIN, J. & RUBEN, R. *Hagadá de Pêssach*. São Paulo: Sefer, 1993, p. 3. (O texto com os sinais da mesa do Antigo Testamento é um resumo do mesmo livrinho.)

33. Receita de pão ázimo. *Ingredientes*: 2 xícaras (chá) de farinha de trigo. 1/2 xícara (chá) de óleo de milho. 1 colher (café) de sal. 1/2 xícara (chá) de água fria. *Modo de preparar*: 1) Misture bem a farinha, o sal, o óleo, ajunte água aos poucos. Ao desgrudar bem da vasilha, amasse com as mãos durante 10 minutos. 2) Abra a massa com as mãos. Massa bem fina, colocando-a numa fôrma redonda untada com uma gotinha de óleo. 3) Ao assar coloque outra fôrma em cima para a massa não enrolar. Não é necessário corar. Cuidado para não ficar duro. Quando colocar o palito de dentes e estiver seco já está bom. Forno médio (mais ou menos 15 minutos). 4) Se quiser decorar, risque com um palito de dentes em forma de cruz antes de assar (risco superficial). *Observações*: 1) Siga a receita corretamente. 2) O momento de amassar o pão é muito importante para que dê o ponto na massa. (Só coloque as mãos na massa depois que já trabalhou com as pontas dos dedos.) 3) Se quiser fazer um pão maior, aumente a medida proporcionalmente e tome cuidado para não errar na hora do preparo. *Sugestão*: Fazer o pão duas a três vezes antes de utilizá-lo na celebração.

Osso

Osso assado (Zerôa), com um pouco de carne, em lembrança ao Cordeiro Pascal, que era sacrificado no Templo, na véspera de Pêssach (Páscoa). Zerôa, que quer dizer "braço", lembra-nos o versículo: "Porque Iahweh nos tirou do Egito com mão forte" (Ex 13,3.9.14.16). De todos os símbolos, este é o único que não será comido, porque não comemos carne assada no Sêder, pois era assim que o Cordeiro Pascal era servido no Templo.

Argamassa simbolizando tijolo

Pasta de nozes e maçãs raladas misturada com vinho, em forma de tijolo, simbolizando a argamassa na qual trabalhavam nossos antepassados no Egito.

Velas acesas, sinal da presença de Deus, que nos conserva na vida.
Vinho, sinal de festa.
Bíblia, que é a Palavra de Deus.

Mesa do Novo Testamento

- Mesa com toalha branca bonita.
- Pão ázimo.
- Cálice e vinho.
- Velas.
- Bíblia.
- Flores (na sala).

Com.: Convidamos agora todos para comer desta comida tão significativa.

Com.: Façamos uma partilha sobre o que nós experimentamos e saboreamos neste momento.

- Qual a amargura de sua vida que se transformou em alegria?
- Que motivo você tem hoje para celebrar a Páscoa?

Com.: Terminamos com uma oração espontânea e o Sl 136(135).

Sugere-se: Terminar com o Canto de Miriam (Ex 15) com uma melodia e dança litúrgicas muito apropriadas. É valido lembrar que não existe uma celebração de Páscoa sem a participação de crianças. Páscoa é a festa de transmissão da fé às novas gerações.

Com.: Ouviremos a música "O canto das crianças" (Kiko Arguello. *Hinário das comunidades neocatecumenais*) que faz parte da Páscoa judaica, mas que é também muito significativo para nós cristãos. Depois do canto convidamos alguns pais e/ou voluntários para testemunharem sua fé publicamente e responderem a pergunta das crianças.

Observação

Esta parte pode ser realizada publicamente na igreja durante a vigília pascal, depois da leitura do êxodo e o Canto de Miriam, como testemunho dos pais da catequese familiar.

2.5

EUCARISTIA, CELEBRAÇÃO DA PÁSCOA HOJE

Apresentação

"O mistério pascal de Cristo é o centro da história da salvação e por isso o encontramos na Liturgia como seu objeto e conteúdo principal. Esse mistério envolve toda a vida de Cristo e a vida de todos os cristãos. Por sua obediência perfeita na cruz e pela glória da sua ressurreição o Cordeiro de Deus tirou o pecado do mundo e abriu-nos o caminho da libertação definitiva. Por nosso serviço e nosso amor, mas também pelo oferecimento de nossas provações e sofrimentos, nós participamos do único sacrifício redentor de Cristo, completando em nós o que falta às tribulações de Cristo pelo seu corpo, que é a Igreja"[34].

Celebrar liturgia é acender a luz sobre os acontecimentos da comunidade. O Cristo faz brotar uma vida nova. Para os primeiros cristãos não existia outra festa, a não ser a Páscoa. Hoje a Igreja quer recuperar os sinais porque eles falam por si mesmos. Antes de cada leitura se faz uma pequena introdução, que é uma pequena Eucaristia. É proclamar como Deus através de cada acontecimento entra na sua vida, como Ele fez com Abraão.

Quem celebra não é o padre, mas a comunidade toda. Por isso a importância da colocação do altar, da estante, da mesa, da cadeira do presidente. A palavra deve ser uma verdadeira proclamação. As introduções ajudam a comunidade a entrar na palavra e ver como ela produziu fruto e pode também, em cada um dos presentes da assembleia, gerar vida.

Proclamação da Palavra de Deus

1Cor 11,17-34

---

34. CNBB. *Animação da vida litúrgica no Brasil.* Op. cit., n. 48.

Sugestões de partilha

1Cor 11,17-18: "Dito isto, não posso louvar-vos: [...] quando vos reunis em assembleia há entre vós divisões, e, em parte, o creio".

A Eucaristia nos torna irmãos, unidos, iguais e amigos.

- Faço parte de uma comunidade que crê e que ama?
- Será que, sem perceber, deixo de ter misericórdia e amor, e, assim, contribuo com o individualismo e egoísmo, gerando divisão, ou seja, matando o sentido de comunhão, de partilha e de fraternidade?

1Cor 11,23-24: "[...] o Senhor Jesus tomou o pão e, depois de dar graças, partiu-o e disse: 'Isto é o meu corpo, que é para vós; fazei isto em memória de mim'".

Jesus se fez pão para todos, alimento para todo o mundo.

- Quando me aproximo da Eucaristia entro realmente em comunhão com Jesus e com meus irmãos?
- As crianças da catequese da sua comunidade estão se preparando para a primeira Eucaristia ou para uma vida eucarística?

1Cor 11,25: "[...] Este cálice é a nova aliança em meu sangue, todas as vezes que dele beberdes, fazei-o em memória de mim".

Na Eucaristia vivemos e temos presente, novamente, o que Jesus fez, de uma vez por todas, como sinal de amor sem medida ao Pai.

NOVA ALIANÇA: É a Aliança de Jesus que deu seu sangue pela humanidade. A Eucaristia é a presença real do amor de Deus que se entregou por sua criatura.

- Que resposta tenho dado a este amor de Jesus por mim?

1Cor 11,26: "Todas as vezes, pois, que comeis desse pão e bebeis desse cálice, anunciais a morte do Senhor até que Ele venha".

Celebrar a Eucaristia é anunciar que somos salvos por Cristo, que nos amou até a morte.

- Creio, realmente, que, ao receber a Eucaristia, minha miséria humana é iluminada pela força de Jesus?
- Quais são os frutos da Eucaristia em minha vida?

1Cor 11,27: "[...] todo aquele que comer do pão ou beber do cálice do Senhor indignamente será réu do corpo e do sangue do Senhor".

Não acreditar no amor de Cristo é participar indignamente.

- O que significa celebrar Eucaristia para você?
- Tenho me preparado com a vida para participar, dignamente, da Ceia do Senhor? De que maneira?
- Qual a importância para você celebrar o domingo, dia do Senhor, para você?

1Cor 11,30-31: "Eis por que há entre vós tantos débeis e enfermos e muitos morreram. Se nos examinássemos a nós mesmos, não seríamos julgados".

- Tenho o hábito de todos os dias examinar minha consciência, reconhecer meus erros e me propor a não cometê-los novamente?
- Vivo isso na minha casa?

1Cor 11,32: "Mas por seus julgamentos o Senhor nos corrige, para que não sejamos condenados com o mundo".

O Senhor nos alerta a não recebê-lo indignamente.

- Acolho a Palavra proclamada na missa como uma oportunidade de conversão e de vida nova?

Atualização

Após a proclamação da Palavra e depois de ouvir como o Espírito de Deus agiu na história, somos convidados a rezar para que este mesmo Espírito realize também hoje estas maravilhas na vida da Igreja e do mundo. Rezamos para que a Igreja cumpra sua missão universal de se tornar um verdadeiro sinal da presença do Reino de Deus no mundo.

Depois se coloca o pão e o vinho sobre a mesa e começa a grande proclamação de ação de graças sobre a intervenção de Deus na história, que é a oração eucarística. Hoje fazemos tudo isso, não mais em memória da passagem pelo Mar Vermelho, mas em memória da passagem de Jesus Cristo, pela sua morte e ressurreição. Trazemos no presente o passado e a nossa história. É por Cristo, com Cristo e em Cristo que damos glória a Deus Pai, na unidade do Espírito Santo.

Na Comunhão nos alimentamos com o pão da amargura e bebemos o vinho da festa, o sangue que nos libertou, agora em "minha" memória. Cristo está presente na Eucaristia como um fogo que acende o mundo.

Cristo está no sacrário, não como prisioneiro, mas para fazer Páscoa no meio de nós. Toda celebração é mistério pascal, é libertação da nossa vida sobre a morte. É importante olhar como Deus agiu e age em nossa vida. Celebrar a Eucaristia é celebrar a vitória do amor e da esperança sobre a morte e nos ensina a esperar contra toda esperança (Rm 4,18) e celebrar até que ele venha, em qualquer situação da nossa vida.

A celebração é feita essencialmente ouvindo, acolhendo, proclamando e obedecendo. Não é uma palavra humana, mas uma resposta humana à iniciativa divina.

É importante celebrar o mistério pascal na realidade da vida. Somos os convidados da Ceia do Senhor. É preciso educar no sentido de viver aquilo que somos. Quando a liturgia se torna pobre, ou seja, quando todos os sinais são reduzidos ao mínimo, os fiéis procuram os santuários onde podem queimar velas, pôr flores naturais, gesticular etc.

Os ritos servem para enraizar a experiência religiosa na vida e tornar-nos familiar com ela. Os acontecimentos de vida e morte guardamos e preservamos com ritos, que falam mais que palavras humanas. A liturgia nos ensina a viver no ritmo do tempo e das estações, com o calendário solar na Festa de Natal e o calendário lunar para a época da Páscoa.

Também os símbolos são importantes na celebração. Eles são a presença de duas realidades em uma única. O símbolo mostra o que está por detrás. Os símbolos revelam o grande mistério de Deus. É preciso preservar uma tensão entre o céu e a terra. Tudo deve ser preparado de maneira singela, mas com muito requinte: "A celebração nos leva a descortinar a grandeza de nosso ser e de nosso destino de imagens de Deus, grandeza que corremos o perigo de esquecer nas lutas pela vida, nas frustrações da existência"[35].

O mistério que celebramos na liturgia é antes de tudo obra de Deus. Portanto, eu entro na liturgia, não posso criá-la. A criatividade na liturgia é um tema dado, não parte de mim. A liturgia não é um espetáculo onde escrevemos os textos e temos um papel. No teatro o público se envolve na medida em que se reconhece nos próprios sentimentos, mas o ator é o homem. Na liturgia não tenho um papel, eu sou o hóspede na casa de Deus. Jesus Cristo é o ator do drama litúrgico. Sem esta visão de fé a liturgia não tem sentido, e não justifica uma participação semanal. Num teatro vejo meus problemas como num espelho, na liturgia vejo meus problemas à luz de Cristo.

É muito importante também a recuperação e restauração do Dia do Senhor, e não somente o fim de semana. O domingo é o Dia do Senhor, e de todo homem que quer ser livre. O povo se reúne no dia que o Senhor

---

35. Ibid., n. 38.

fez para nós[36]. A liturgia ajuda a enxergar e expressar a realidade da vida nova. Muitas comunidades não têm celebração da Eucaristia toda semana. É preciso participar da vida da comunidade e celebrar o dia do Senhor, seja conforme as possibilidades da paróquia, celebração da Palavra ou celebração da Eucaristia.

Quando Jesus celebrou a Última Ceia, depois que ofereceu o seu corpo e sangue, disse: "Desde agora não beberei deste fruto da videira até aquele dia em que convosco beberei o vinho novo no reino do meu Pai (Mt 26,29). Cada vez que celebramos Eucaristia nós nos lembramos destas palavras: Maranatha, vem, Senhor Jesus! A missa termina com a bênção e o envio para anunciar o Deus que intervém na história e caminha junto até o dia em que todos o reconhecerão como o seu Deus.

Jesus é o caminho da salvação de todos os tempos. Ele, o Pão da Vida, é o alimento que sustenta toda a humanidade neste caminho rumo à vida eterna.

Oração

Deus que é Pai, e por meio do grande mistério da Páscoa do vosso Filho Jesus Cristo, nos mostra o vosso imenso amor, abri sempre os meus olhos para a vossa presença e ação na história humana e minha história. Peço, com toda insistência, não permite que me feche diante desta sua presença no mundo.

---

36. JOÃO PAULO II. *Carta apostólica do Sumo Pontífice João Paulo II ao episcopado, ao clero e aos fiéis da Igreja Católica sobre a santificação do Senhor.* São Paulo: Paulinas, 1998.

2.6

Matrimônio, sacramento da aliança

Apresentação

Falamos aqui do matrimônio cristão, que não é um contrato, como um contrato civil, mas é uma aliança, onde todo o amor de Deus, segundo a imagem bíblica, torna-se visível. Por isso o sim do homem e da mulher ultrapassa o sim humano e é como o sim de Deus. O homem e a mulher prometem a se amar mutuamente como Jesus Cristo nos amou. Ele nos amou e se entregou por nós. Quando São Paulo fala da submissão no amor a entendemos como a maior força de Jesus Cristo. Sua obediência à vontade de Deus não foi um sinal de infantilidade ou incapacidade, mas de fidelidade. Obediência não é uma atitude passiva que poda ou paralisa, mas uma força que faz com que alguém saiba amar além da vontade do momento. A obediência faz da pessoa um verdadeiro adulto capaz de ser fiel. Jesus aprendeu a obediência através do sofrimento e continuou nos amando e perdoando até a morte, e morte de cruz.

O matrimônio cristão não é um contrato por tempo determinado ou indeterminado, mas sim um compromisso, uma aliança indissolúvel entre um homem e uma mulher, que prometem se amar mutuamente como Jesus Cristo nos ama.

Proclamação da Palavra de Deus

Gn 2,18-24; Mt 19,1-9; Mc 10,1-12; Ef 5,21-33

Sugestões de partilha

Ef 5,21: "Submetei-vos uns aos outros no temor de Cristo".

A obediência a Deus faz da pessoa um verdadeiro adulto, capaz de aceitar o outro. Jesus aprendeu isso através do sofrimento, e continuou nos amando e perdoando até a morte e morte de cruz.

• Como vivo a obediência e o perdão no meu casamento?

Ef 5,24: "Como a Igreja está sujeita a Cristo, estejam as mulheres em tudo sujeitas aos maridos".

Cristo tornou-se "uma só carne" com a Igreja. Fez-se a sua Cabeça. A submissão da mulher ao marido só pode ser bem entendida quando se olha para a submissão da Igreja a Cristo. Longe de ser uma anulação ou escravidão, é uma cooperação amorosa com a cabeça que dirige o corpo.

• Como vivo hoje a minha missão de esposa(o)?

Ef 5,25: "E vós, maridos, amai as vossas mulheres, como Cristo amou a Igreja e se entregou por ela".

Cristo se entregou por sua Igreja, totalmente, até a última gota de sangue. Nós, porém, às vezes dizemos: "Eu sou todo teu", mas o dispositivo anticoncepcional acrescenta: "menos a minha fertilidade".

• Quando alguém está com saúde, baseado em que argumentos justifica-se vasectomia ou laqueadura de trompas?
• Quando digo que Deus é o Senhor da minha vida, será que Ele realmente tem sido o Senhor da minha fertilidade?
• Tenho consciência de que o homem e a mulher são criados para viverem a sua sexualidade como ela é, com todas as consequências e desafios?
• O que quer dizer: estar aberto à vida?

Ef 5,27: "Para apresentar a si mesmo a Igreja, gloriosa, sem mancha nem ruga, ou coisa semelhante, mas santa e irrepreensível".

A Igreja é a esposa de Cristo, objeto de todo o seu amor.

Casar-se na Igreja é casar-se no Senhor, isto é, contar com a sua presença na vida conjugal. O Sacramento do Matrimônio dá ao casal a força e a graça para viver o casamento numa nova dimensão, sem que as exigências cristãs (indissolubilidade, fidelidade e fecundidade) se tornem um fardo pesado.

- De que maneira tenho renovado o verdadeiro sentido do meu casamento, para que ele se torne sem rugas e sem manchas?
- O que você pensa a respeito da indissolubilidade, fidelidade e o perdão no casamento?

Ef 5,28-29: "[...] Quem ama a sua mulher ama-se a si mesmo; pois ninguém jamais quis mal à sua própria carne, antes alimenta-a e dela cuida [...]".

No Sacramento do Matrimônio o homem e a mulher prometem se amar mutuamente.

- Procuro cultivar os valores do matrimônio? De que maneira alimento o amor conjugal para que ele se renove a cada dia, não dando lugar à rotina?
- Você acredita que a família tem futuro?

Ef 5,31: "Por isso deixará o homem seu pai e sua mãe e se ligará à sua mulher, e serão ambos uma só carne".

"Uma só carne" quer dizer, para o casal, uma comunhão de vida, uma só vida, um só projeto de vida a dois.

- Com que abertura tenho vivido a comunhão de vida no meu casamento? Vivemos realmente um para o outro?
- Tenho consciência de que a força que alimenta o Sacramento do Matrimônio depende da unidade?

Ef 5,33: "Em resumo, cada um de vós ame a sua mulher como a si mesmo e a mulher respeite o seu marido".

O casamento é uma missão para aqueles que sabem "conquistar a mesma pessoa todos os dias". Sem a paciência não é possível ajudar o outro.

Viver o amor e o respeito diante das dificuldades e limitações de cada um nem sempre é fácil. Mas Jesus não fugiu da realidade da cruz que estava diante dele, deixando-nos um exemplo.

- O que tenho feito para manter ou até mesmo salvar o meu casamento?

Atualização

"A aliança matrimonial, pela qual o homem e a mulher constituem entre si uma comunhão da vida toda, é ordenada por sua índole natural ao bem dos cônjuges e à geração e educação da prole, e foi elevada, entre os batizados, à dignidade de sacramento, por Cristo Senhor". Assim começa o Catecismo da Igreja Católica, no n. 1.601, o artigo sobre o Sacramento do Matrimônio, citando a definição do Direito Canônico, cân. 1.055, 1.

O casal promete amor na alegria e na tristeza, na saúde e na doença, na festa e na dor, na ilusão e na decepção. A Palavra de Deus está ao nosso alcance, capaz de se realizar em nosso coração (Rm 10,6). O sim atinge o núcleo mais íntimo do ser humano. Nesta entrega está todo o nosso ser. No sim está a totalidade da vida; um tem que estar com o outro todos os dias de sua vida. Por causa do profundo respeito pelo homem e pela mulher, como Jesus no Evangelho, a Igreja defende como fonte da vida a sacralidade do vínculo do Sacramento do Matrimônio. Nenhuma mulher entrega seu corpo a um homem, ou vice-versa, para fazer uma experiência. A entrega do corpo não é um mero ato biológico ou fisiológico, mas é um ato humano, que por si exige durabilidade. Não existe a entrega só do corpo, mas com o corpo entrega-se a própria vida.

O amor e o respeito profundo para o verdadeiro significado da sexualidade humana leva em conta todos os desafios e consequências da vivência sexual de um casal.

O homem e a mulher são criados para viver a sua sexualidade como ela é, com todas as consequências e desafios. É exatamente isso que torna a sexualidade do homem e da mulher humana. O homem e a mulher são chamados a dominar a sua sexualidade diferente daquela do animal. Tirando aquilo que é mais sagrado na sexualidade humana, ou seja, a unidade e abertura total do casal, atinge-se a espiritualidade da sexualidade e do matrimônio.

O grande princípio da Bíblia é unitivo e procriativo. O homem não pode separar os dois princípios e não pode colocar um obstáculo artificial entre eles. Fazer sexo não é simplesmente um processo biológico, mas envolve o mais profundo do ser. A entrega corporal é sempre uma entrega total e exige por sua natureza uma entrega sem volta. Não se entrega o corpo para experimentar, e sim por inteiro, com todas as consequências. A verdade do nosso ser é ser fecundo, e não fazer sexo sem consequências.

> Quando os esposos, recorrendo à contracepção, separam os dois significados que Deus Criador inscreveu no ser do homem e da mulher e no dinamismo da comunhão sexual, comportam-se como "árbitros" do desígnio divino e "manipulam" e aviltam a sexualidade humana, e, com ela, a própria pessoa do cônjuge, alterando seu valor de doação "total". Assim, a contracepção impõe, à linguagem natu-

ral que expressa a recíproca doação total dos esposos, uma linguagem objetivamente contraditória, ou seja, a de não se dar ao outro totalmente. Assim ocorre não só o rechaço positivo da abertura à vida, mas também uma falsificação da verdade interior do amor conjugal, chamado a entregar-se em plenitude pessoal[37].

Nós vamos experimentando cada vez mais a grandeza e a beleza da vida que Deus nos quer dar. É como uma flor que desabrocha, mas o processo de crescimento não é tão simples. A Igreja defende uma abertura diante da vida, sem medo, numa atitude de generosidade diante de Deus. Será que existe alguma coisa mais bonita do que um casal que, com toda liberdade, generosidade e consciência acolhe uma vida nova? E o que dizer de casais que não podem ter filhos próprios ou junto com seus filhos adotam os filhos dos outros? Muitos podem chamar isso de utopia ou ingenuidade. Mas a vocação humana é uma vocação divina, o nosso destino é um destino divino; somos chamados a nos tornar filhos de Deus. Os pais são os instrumentos da vida, não são donos de seus filhos. Não é porque ninguém vive isso em plenitude que o nosso destino muda. A frustração será maior ainda.

A Igreja Católica não é contra planejamento familiar. Ela recomenda os meios naturais no caso de planejamento familiar, como vivência autêntica e verdadeiramente humana da sexualidade. A Igreja defende uma abertura e uma generosidade diante de Deus, sendo fiel ao mesmo tempo à própria natureza.

Oração

Deus, que por inexplicáveis caminhos chamastes à vida a cada um de nós, vos louvo e bendigo pelo grande mistério da vida para a qual fui chamado por vosso imenso amor. Por Cristo Nosso Senhor.

Sugestão

Para completar este encontro propõem-se o vídeo *Fé – Crer para ver*, da Editora Vozes, no qual muitos casais reconhecem algumas de suas práticas.

Introdução do filme:

Não é por meio de teoria, prepotência, sabedoria humana ou revoltas que vamos conseguir enxergar Deus em nossa vida. Necessitamos de um banho que nos regenere e nos dê vida nova, diferente daquela que o mundo nos oferece. A nossa vida pode ser comparada a um poço com a água viva que é a Palavra de Deus.

---

37. CNBB/Pontifício Conselho para a Família/Setor Família. *Subsídios pastorais* – II Encontro Mundial do Santo Padre com as famílias. Rio de Janeiro, 4 e 5 de outubro de 1997, p. 30-31.

Em nossos encontros somos convidados a mergulhar nas águas profundas da nossa vida. Quando mergulhamos na história da vida deixamo-nos iluminar pela luz da Palavra, descobrindo que a rotina e outras formas de desgaste estão matando a nossa vida, perdendo a beleza, o encanto, a noção do pecado e até mesmo a esperança. É no fundo do poço que a luz de Deus nos faz enxergar onde fracassamos. A partir daí Deus pode entrar e tirar a miséria humana.

Jesus é a água que jorra. Quando descobrimos esta fonte encontramos motivos profundos não só de agradecimento, mas de exultação.

Para mergulhar na história de suas vidas propomos as seguintes perguntas para os casais:

- Como está o relacionamento de marido e mulher no seu casamento?
- O respeito, carinho, sexo, palavras, elogios, admiração, o diálogo... fazem parte do seu dia a dia?
- Que tipo de atenção vocês têm dedicado um para com o outro? O que ele(a) mais está precisando neste momento para ser ainda mais feliz? De que maneira você o(a) tem ajudado?
- Vocês têm vivido momentos de lazer em que possam trocar experiência de vida com outros casais amigos? Consideram importantes esses momentos?
- De que maneira você tem contribuído para que seu casamento não se desgaste com o passar dos anos?
- Você tem se preocupado em olhar no telescópio para enxergar as verdades dos acontecimentos do seu casamento?
- Homem e mulher que não olham para a paisagem do seu casamento passam na vida como turistas bobos, perdem o melhor da festa da vida. Olhando para o seu casamento, qual é o melhor da festa da vida?
- Quais valores correm risco de passar pelo ralo na sua vida matrimonial?
- Vocês costumam se lembrar do tempo de namoro e do início do casamento: a alegria da gravidez, as dificuldades que enfrentaram juntos...? Com que frequência vocês recordam esses e outros fatos que marcaram as suas vidas?
- O que precisa ser renovado no seu casamento para que a fé e o encantamento caminhem juntos?

Observação

Para o encontro seguinte propomos a preparação e a Celebração da luz, que se encontra na parte III deste subsídio.
O batizado é chamado para ser luz no mundo. Por isso a celebração da luz ajudará a perceber a necessidade dos sacramentos e a função da vida cristã no mundo.

2.7

ORDEM, SINAL DO BOM PASTOR

Apresentação

Pelo Sacramento da Ordem, em três graus, os bispos, presbíteros e diáconos são ordenados para o serviço da Igreja na pessoa de Cristo, cabeça do corpo. Sua missão é ensinar, atualizar a missão de Cristo. Os bispos são os sucessores dos apóstolos, representantes de Cristo em todos os tempos. Nos bispos está a plenitude do Sacramento da Ordem. Onde há um bispo existe a Igreja. Os presbíteros são os cooperadores dos bispos na missão sacerdotal, chamados a ajudar o bispo na sua missão, assinalados com um caráter especial e configurados com Cristo sacerdote. O ministério da ordem não é a síntese de todos os ministérios, mas o ministério da síntese. Aos diáconos são impostas as mãos para o serviço. Cristo veio para servir.

Todos nós, batizados, somos chamados a ser discípulos e missionários de Jesus, e a anunciar o Reino de Deus. Entretanto, algumas pessoas são chamadas a se entregar inteiramente a Deus e aos irmãos.

Proclamação da Palavra de Deus

Hb 5,1-10; Lc 22,19

Sugestões de partilha

Hb 5,1: "Porquanto todo sumo sacerdote, tirado do meio dos homens, é constituído em favor dos homens em suas relações com Deus [...]".

Pelo Sacramento da Ordem, em três graus, bispo, presbítero e diácono são ordenados para o serviço da Igreja na pessoa de Cristo, cabeça do corpo. Entregam-se inteiramente a Deus e aos homens. Com o coração alegre eles anunciam o Reino de Deus.

- Na Igreja, onde há muitos ministérios e serviços, já descobri também o meu lugar e a minha missão de cristão?
- Qual é a missão principal do padre?
- Eu consigo ver minha vida como uma vocação?

Hb 5,2: "É capaz de ter compreensão por aqueles que ignoram e erram, porque Ele mesmo está cercado de fraqueza".

Jesus, sacerdote por excelência, através de toda a sua vida terrestre pôde experimentar a fraqueza, sobretudo pela agonia e morte.

Na preocupação de que nenhum daqueles que o Pai lhe confiou perdesse a fé (principalmente nos momentos de fraqueza), Jesus envia os apóstolos e seus sucessores, que conduzem o povo de Deus, que é a Igreja.

- Nos momentos de dificuldade, fraqueza, procuro a orientação do padre?
- Acredito que ele pode me ajudar?

Hb 5,3: "Pelo que deve oferecer sacrifícios tanto pelos pecados do povo quanto pelos seus próprios".

Cristo é o único sacerdote, que chama presbíteros para presidir a assembleia dos fiéis. Por isso eles representam Cristo, sacerdote, na comunidade.

- Reconheço que a pessoa do padre tem um lugar especial na comunidade?

Hb 5,4: "Ninguém, pois, atribua-se esta honra, senão o que foi chamado por Deus, como Aarão!"

Foi na Última Ceia que Jesus instituiu o sacerdócio. Após a sua ressurreição, deu aos apóstolos o poder de perdoar os pecados e batizar a todos.

- Verdadeiramente amo, ouço e respeito o(s) sacerdote(s) chamados por Deus para servir a minha comunidade? Ou, infelizmente, peco criticando-o, deixando de acolher o que Ele ensina e denuncia com autoridade?

Hb 5,6: "[...] Tu és sacerdote para sempre, segundo a ordem de Melquisedec".

Melquisedec – rei, sacerdote: é a figura sacerdotal de Cristo.

Cristo: sacerdote eterno, exerce a função de mediador e intercessor.

Jesus é sacerdote para sempre. O padre, configurado com Cristo, é sacerdote na ordem que Cristo instituiu.

- Qual é a tríplice missão do padre?
- Qual é a sua reação quando um sobrinho, filho de amigo ou filho manifesta que se sente chamado ao sacerdócio?
- Quais os traços que vejo na pessoa do padre da minha comunidade que me levam a ter a convicção de ser ele, realmente, uma pessoa ungida, representando Jesus em nosso meio?

Hb 5,7: "É Ele que, nos dias de sua vida terrestre, apresentou pedidos e súplicas, com veemente clamor e lágrimas, àquele que o podia salvar da morte; e foi atendido por causa da sua submissão".

A submissão a Deus nos dá a graça de aceitarmos sua vontade.

- Reconheço que sou submisso aos ensinamentos de Deus? Tenho experimentado a sua generosidade diante da minha submissão? De que maneira?

Hb 5,8-10: "E embora fosse Filho, aprendeu, contudo, a obediência pelo sofrimento, e, levado à perfeição, tornou-se para todos os que lhe obedecem princípio de salvação eterna [...]".

Jesus foi o único que, diante da cruz, não recuou e venceu.

- A minha obediência e fidelidade a Jesus já me fez sofrer? Percebi também ter sido causa de libertação?

Atualização

Pelo batismo todos os cristãos são chamados a participar da tríplice missão de Cristo. Pela sua missão sacerdotal, o sacerdócio comum de todos os fiéis, o batizado oferece e participa do sacrifício da morte e ressurreição de Cristo. Pela sua missão profética ele é chamado a anunciar e denunciar. Na missão real ele se torna colaborador, fazendo crescer o reino da justiça e verdade no mundo. O batizado é um membro do corpo místico, do qual Cristo é a cabeça. Jesus é o sacerdote único, oferecendo-se a si mesmo como vítima. Em Jesus Cristo nasce um povo sacerdotal onde Ele é a cabeça e nós os membros.

Além do sacerdócio comum existe o sacerdócio ministerial, onde Cristo se faz presente como mestre, aquele que ensina como pastor, que fala com autoridade e como sacerdote, que oferece sua vida para a salvação do mundo.

O sentido do celibato está na mesma linha do amor total e indiviso (1Cor 7,34). "Chamados a consagrar-se com indiviso coração ao Senhor e a cuidar das coisas dele, entregam-se inteiramente a Deus e aos homens. O celibato é um sinal desta nova vida a serviço da qual o ministro da Igreja é consagrado; aceito com coração alegre, ele anuncia de modo radiante o Reino de Deus"[38].

Para entender qualquer sacramento é preciso olhar para o Cristo. Na sinagoga todos olhavam com atenção para o Senhor. É hoje o momento da salvação. Jesus foi muito simpático aos olhos, mas poucos queriam segui-lo no dia a dia. Foi uma comunidade de apóstolos, cada um com seu nome, que Jesus escolheu para dar continuidade a sua missão. Na Igreja, onde há muitos ministérios e serviços, descobrimos também nosso lugar e a nossa missão de cristão.

Oração

Deus, que continuais cuidando de todos os vossos filhos, nós vos pedimos que vossos pastores, no seguimento de vosso Filho, também estejam dispostos a dar sua vida. Amém.

---

38. *Catecismo da Igreja Católica.* Op. cit., n. 1.579.

2.8

Unção dos Enfermos, sacramento de salvação

Apresentação

A Unção dos Enfermos, ou anteriormente chamada extrema-unção, é a última unção na vida do cristão. A primeira o catecúmeno recebe um pouco antes do batismo. Depois segue-se a unção do crisma. A Igreja prevê uma terceira para os doentes. Esta é administrada quando uma doença grave ou a velhice começa a se manifestar. Neste último caso é bom chamar o sacerdote para administrar o Sacramento da Unção dos Enfermos, como também no caso de uma cirurgia séria. No entanto esta unção não é dada somente na hora em que o indivíduo está morrendo, pois não é sinal iminente de morte, mas tem a finalidade de fortalecer o cristão. O sacramento dos moribundos ou das pessoas em situação de risco de vida é o viático, que é o Sacramento da Eucaristia. É o alimento próprio antes da grande e última viagem, a passagem da morte.

Este encontro pretende mostrar como Jesus é a força do ser humano mesmo na sua fraqueza física e espiritual.

Proclamação da Palavra de Deus

Tg 5,13-20

Sugestões de partilha

Tg 5,13: "Sofre alguém dentre vós um contratempo? Recorra à oração [...]".

- Rezo pelos doentes da minha comunidade?
- Visito os doentes e levo esperança para mantê-los vivos na fé?
- Consigo identificar o amor de Deus também no sofrimento?

Tg 5,14: "Alguém dentre vós está doente? Mande chamar os presbíteros da Igreja para que orem sobre ele, ungindo-o com óleo em nome do Senhor".

- Quando fico sabendo que alguém está com uma doença grave, ou vai passar por uma cirurgia que traz risco de morte, oriento a família a chamar o padre para dar a unção dos enfermos?

Tg 5,15: "A oração da fé salvará o doente e o Senhor o porá de pé; e se tiver cometido pecados, estes lhe serão perdoados".

Este sacramento pode ser recebido mais de uma vez, quando a pessoa fica novamente doente, ou a doença se agrava ou a pessoa idosa se torna mais fraca.

O Sacramento da Unção dos Enfermos anima a pessoa enfraquecida.

- Ajudo o enfermo a viver a fé, a esperança e a caridade, dentro das condições de seu estado de saúde?
- Tenho consciência da graça que este sacramento traz?

Tg 5,16: "Confessai, pois, uns aos outros os vossos pecados e orai uns pelos outros, para que sejais curados".

Muitas doenças têm sua origem no ressentimento, na ofensa guardada, no nervosismo, nos vícios, no mau uso da liberdade. Muitas vezes é como um câncer que corrói, impedindo-nos de encontrar um novo sentido em nossa vida.

- Partilho com os meus irmãos esta experiência?
- Tenho consciência da importância de rezar uns pelos outros para vencermos este mal?

Tg 5,19-20: "Meus irmãos, se alguém dentre vós se desviar da verdade, e o outro o reconduzir, saiba que aquele que reconduz um pecador desencaminhado salvará sua alma da morte e cobrirá uma multidão de pecados".

- Aproveito cada instante do meu tempo como uma oportunidade que Deus me concede para fazer algo pelo bem dos meus irmãos?
- Valorizo com o doente os sacramentos de cura, a confissão e a unção?

Atualização

O óleo é um remédio. Usava-se óleo também para ungir os reis. Jesus é o ungido, o Cristo, não ungido com óleo, mas com o Espírito Santo. O cristão participa da unção de Cristo. Por isso ele é ungido em certas situações de sua vida. Os presbíteros, conforme São Tiago, são chamados a ungir os enfermos com óleo, sinal da força do Espírito Santo que o assiste. A oração, em nome do Senhor, salvará o doente e Ele o levantará, para assumir cristãmente todos os incômodos da doença e da velhice. O doente ficará melhor, encontrará paz e salvação, porque a ressurreição significa a cura definitiva. Se tiver pecado, receberá perdão. A unção leva também à cura, se isso convier à salvação espiritual.

A unção une o doente ou o idoso de uma maneira especial à paixão de Cristo, que sofreu e experimentou a dor e a morte. Assim, ele assume uma missão especial no coração da Igreja, com esperança e coragem e completa realmente no seu corpo o que, no tempo, falta ao corpo místico de Cristo (Cl 1,24).

A unção fortalece o enfermo para fazer sua páscoa, passando para a vida eterna. Não podemos enganar as pessoas neste momento tão importante da sua vida com falsa esperança e com medo diante da realidade, negando assim ao doente talvez a sua última oportunidade de se entregar a Cristo. Só Cristo ressuscitado é a nossa única esperança. Não podemos deixar de anunciar isso pela última vez.

Oração

Deus Pai, que nos ama e quer que sigamos o vosso Filho Jesus, com toda a liberdade te pedimos: não permita que me perca no caminho da vida. Peço a força e a luz para que possa seguir na vida o caminho que o Senhor achar melhor para mim. Peço a fidelidade até o dia que o Senhor me chamar para sempre na vida eterna. Amém.

2.9

Penitência, a conversão contínua

Apresentação

Neste encontro queremos mostrar que o amor de Deus vai ao encontro do ser humano que se encontra na miséria e no pecado, e o faz levantar e voltar ao seu lugar na casa do Pai. Deus não abandona o ser humano no pecado. Ele protege e acolhe o pecador. O sacerdote é o médico da alma. Confessamos todos os nossos pecados para sermos curados, e, assim, reconquistarmos nossa alegria e paz interior.

Jesus começa a sua pregação com um apelo à conversão: "Cumpriu-se o tempo e o Reino de Deus está próximo. Arrependei-vos e crede no Evangelho" (Mc 1,15). O batismo é o momento da primeira e fundamental conversão. A penitência é o momento da segunda e contínua conversão, que não é apenas uma obra humana, mas o movimento do "coração contrito" atraído e movido pela graça a responder ao amor misericordioso de Deus que nos amou primeiro (CIC 1.428). Confessar fatos pecaminosos, sem ver a causa, sem vontade de se converter, não resolve muito. É como encher um balde furado com água. Confessar pecados é uma coisa. Converter-se é outra. Sem conversão vamos provavelmente confessar a vida toda os mesmos pecados.

Jesus mesmo nos ensina a rezar pelo perdão dos nossos pecados. Mas Ele coloca o perdão aos nossos devedores como condição para sermos perdoados. A oração tem efeito quando rezamos como Jesus nos ensinou. Deus não aceita que separemos a oração e o perdão ao próximo. A misericórdia de Deus nos chega através dos outros. Se colocarmos bloqueios, ela não chega até nós. Para o ser humano isso é impossível, mas para Deus nada é impossível. A nova aliança foi realmente realizada no sangue de Jesus Cristo. Não é mais olho por olho, dente por dente. O pecado tem muitas consequências no corpo e na alma e é a causa de muitas doenças. A psicologia mostra isso. Jesus vem restaurar, curar o homem todo de sua doença. Há doenças que encontram uma solução através do perdão. Precisamos perdoar também a nós mesmos.

"Portanto, deveis ser perfeitos, como o vosso Pai celeste é perfeito" (Mt 5,48). O ser humano deve chegar ao máximo, pois Jesus na cruz perdoou seus inimigos. Pela misericórdia tudo se torna uma força positiva. O cristão é testemunha que o amor de Deus é maior que a morte. Ninguém é cristão por sorte ou tradição. É uma decisão pessoal.

Proclamação da Palavra de Deus

Lc 15,11-32

Sugestões de partilha

Lc 15,12-13: "[...] 'Pai, dá-me a parte da herança que me cabe' [...] o filho mais jovem partiu para uma região longínqua e ali dissipou sua herança numa vida devassa".

• Reconheço que os membros da minha família são parte da herança que me cabe? Estou sabendo valorizar ou estou jogando fora o que temos de bom juntos?

• De que maneira tenho administrado esta minha herança para que nada se perca?

Lc 15,16: "Ele queria matar a fome com as bolotas que os porcos comiam [...]".

Longe do Pai deixamos a condição de filho e passamos a viver a condição de escravo, saciando nossa fome com as coisas do mundo: luxo, ilusões, fofocas, brigas, mau humor, pornografia, luxúria e tantas outras coisas que nos levam a pecar.

  • Já me alimentei destas coisas do mundo? Que sabor isto trouxe para minha vida? O que sobrou depois disso?

  • Olhando para os seus pecados, qual é a conversão de que você necessita?

Lc 15,18: "Vou-me embora, procurar meu pai e dizer-lhe: Pai, pequei contra o Céu e contra ti [...]".

O filho, reconhecendo o seu erro, deu um passo à conversão.

- Diante de minhas atitudes de arrependimento, qual delas foi marcante em minha vida e foi um grande passo em minha conversão? Solidão, vida sem sentido?
- Os encontros dos quais você participou nesta catequese até este momento levaram você a descobrir novos caminhos? Quais?

Lc 15,20: "[...] Ele estava ainda ao longe, quando seu pai viu-o, encheu-se de compaixão, correu e lançou-se-lhe ao pescoço, cobrindo-o de beijos".

- Tenho consciência de que, a partir do momento que decido não mais cometer determinado erro, Deus se alegra comigo?
- Já parei para pensar como Deus deve se entristecer quando, ao invés de eu ir adiante com a minha decisão, infelizmente desisto no meio do caminho, sendo escravo, novamente, do meu orgulho, insegurança, fraqueza?

Lc 15,21-22: "[...] 'Pai, pequei contra o Céu e contra ti; já não sou digno de ser chamado teu filho'. Mas o pai disse aos seus servos: 'Ide depressa, trazei a melhor túnica e revesti-o com ela, pondo-lhe um anel no dedo e sandálias nos pés'".

Túnica: reintegração à família.

Anel: aliança refeita.

Sandália nos pés: recomeçar a caminhada com dignidade.

Deus não abandona o homem no seu pecado, mas acolhe e protege o pecador.

- Estou disposto a arrancar a raiz do pecado sem me justificar, sem esconder nada, para celebrar o perdão de Deus? Como está a minha integração na minha família? Eu estou de escanteio? Uso minha aliança com orgulho e alegria?

Lc 15,23-24: "Trazei o novilho cevado e matai-o; comamos e festejemos, pois este meu filho estava morto e tornou a viver; estava perdido e foi reencontrado! [...]".

A maior alegria de Deus é que saiamos do pecado e passemos a viver a vida nova.

- Já experimentei a alegria do perdão de Deus?
- Por que não podemos confessar diretamente com Deus, mas precisamos do padre para a confissão?

Lc 15,27-28: "[...] 'É teu irmão que voltou' [...]. Então ele ficou com muita raiva e não queria entrar [...]".

- Eu me julgo melhor que meu irmão?
- Tenho ido ao encontro de quem me ofende ou fico do lado de fora, apenas julgando, ou esperando que a pessoa venha até mim?
- Como está o meu conceito sobre reconciliação, perdão, misericórdia e comunhão?

Lc 15,31: "Mas o pai lhe disse: Filho, tu estás sempre comigo, e tudo o que é meu é teu. Mas era preciso que festejássemos e nos alegrássemos, pois este teu irmão estava morto e tornou a viver, estava perdido e foi reencontrado".

Quem vive do amor misericordioso de Deus está pronto a responder ao apelo do Senhor: "Vai primeiro reconciliar-te com teu irmão".

- Estou disposto a dar este passo na fé?
- Tenho consciência que somos todos irmãos? Alegro-me e fico feliz com a conversão dos outros?

162 Atualização

Deus não abandona o homem no seu pecado. Ele acolhe e protege o pecador como Ele acolheu Adão, Caim e toda a humanidade depois do dilúvio. O arco-íris aparece como sinal de benevolência. Com Abraão Ele começa uma outra história. Ele promete uma descendência e uma terra. É o caminho de conversão de Abraão e também nosso. Em que momento de sua vida você viu o arco-íris ou tomou consciência?

O próprio Jesus nos mostra os caminhos na luta contra o pecado: a oração, a esmola e o jejum. "Livrai-nos do mal" é uma oração eclesial. Deus é tão grande que transforma a morte em vida. O pecado é um meio de conhecer melhor ainda seu amor. É a Festa da Páscoa, quando a Igreja chega a proclamar num grito de alegria: "Ó feliz culpa". O Sacramento da Reconciliação está ligado intimamente à Páscoa do Senhor. Recebemos a vida nova no batismo. Não é uma mágica, é um sinal sacramental. A vida nova que recebemos é como uma criança que nasce. Nasce uma vida nova através de uma gestação e carregamos esta fragilidade conosco como em vasos de barro (2Cor 4,7).

Precisamos distinguir também a tentação e o pecado, que são duas coisas diferentes. A tentação é importante porque faz com que cresçamos interiormente. Quando seguimos a tentação entramos na morte. O demônio é aquele que tenta se colocar entre Deus e o homem. Ele é o pai da mentira. Tenta nos enganar, fazendo com que enxerguemos os fatos de uma maneira diferente. A tentação mostra o mal parecendo ser uma realidade boa e arruma justificativas. Achamos que Deus proibiu o que é bom apenas para dificultar tudo para nós. "Se tomar sorvete fosse pecado, seria melhor ainda." Não sabemos ainda que entrar no pecado significa morrer. Somos tentados a julgar não grave o que para Deus é grave. E entrando na tentação aceitamos o pecado e a morte.

É preciso nos acostumarmos a pedir perdão na família, nos grupos, na comunidade. Evangelizamos através do perdão, tornando Jesus Cristo visível. O próprio Papa João Paulo II, no final de século, tão preocupado com a nova evangelização, pediu perdão por tantos pecados presentes na história da Igreja. Celebrar um jubileu é passar a limpo a história[39]. A misericórdia é uma Palavra de Deus para todos nós. Perdoar é dar ao outro o direito de ser feliz.

Precisamos nos renovar através dos sacramentos. Nosso Deus é um Deus em movimento na história de nossa vida. Israel percebeu isso na saída do Egito. Nós temos a missão de fazer acontecer a misericórdia de Deus nos corações dos nossos irmãos através do caminho da conversão. São Paulo diz: "[...] em nome de Cristo exercemos a função de embaixadores [...] e suplicamo-vos: reconciliai-vos com Deus" (2Cor 5,20).

O Sacramento da Penitência, também chamado Confissão ou Sacramento da Reconciliação, consagra o esforço do pecador para se reconciliar com Deus. É o arrependimento. Acreditamos também que Deus tira o nosso coração de pedra e nos dá um coração de carne. O homem se declara pecador. Ele assume o que ele é de verdade e Deus o liberta. O importante é reconhecer o pecado sem se justificar, sem esconder nada.

Muitas vezes confessamos por medo, para tranquilizar a nossa consciência. Mas o sacramento é muito mais que um tranquilizante. É um encontro com Deus que é Pai. Reconciliação é não permitir que nossos vícios, nossos caprichos tomem conta da nossa vida.

É o momento de renovar a nossa ligação com Deus. Isso exige tempo. Tempo para aquilo que é fundamental em nossa vida.

Hoje o grande pecado é que perdemos a noção de pecado. Nós nos tornamos cegos ou donos da verdade, até da fé que temos. Julgamos sem importância o que Deus julga importante. Mas a fé ninguém a inventa. Recebemos a fé na noite da Páscoa, quando fazemos ou renovamos a fé que recebemos, não a fé que imaginamos ter ou achamos conveniente para nós. Professamos a fé da Igreja. Não podemos inventar a nossa fé. Seria um sinal que não existe conversão. A fé não é produto da nossa força de vontade e não é

---

39. CNBB. *Como celebrar o jubileu.* São Paulo: Paulus, 1999.

aquilo que nós inventamos, e sim a que a Igreja professa. Outros acham que pecado é o que cada um sente e acham que faltar à missa não é pecado, porque não adianta ir à missa quando não se tem vontade. Esta é a atitude de alguém que se coloca como dono da verdade e centro do mundo. Eu julgo o que é pecado ou o que é grave ou não. Neste caso agimos como Pilatos quando condenou Jesus, com indiferença. Depois que já condenou centenas à morte de cruz, com ou sem motivo, não sentiu mais nada. Finalmente, um a mais ou um a menos, tanto faz. Realmente, quando a vida humana não vale mais nada, quando o bem e o mal não mais existem, nada tem sentido. Jesus Cristo deu a sua vida para nos mostrar o contrário.

Alguns dizem que confessam os seus pecados diretamente com Deus. Na verdade, Deus não precisa do padre para ouvir ou perdoar os pecados. Mas para quem tem consciência de pertencer a uma comunidade, sabe que o pecado atinge a comunidade como tal e precisa se reconciliar com ela. Para quem não tem noção clara da Igreja e de uma comunidade concreta, não encontra sentido em confessar o seu pecado à Igreja. A confissão é um sacramento da Igreja e não é uma coisa particular entre o pecador e Deus. Jesus Cristo quis assim. Isso faz parte da nossa profissão de fé: "Eu creio na Igreja".

A ferida atinge a comunidade, e o padre, em nome da Igreja, realiza o sinal da reconciliação e acolhe o pecador em nome da comunidade. A fé é um ato eclesial. É a Igreja que nos gera na fé. Ninguém acredita sozinho e ninguém peca sozinho. É preciso entender isso principalmente quando falamos do ministro da reconciliação. A reconciliação é reconciliação com a Igreja. É o bispo que acolhe em nome da Igreja e tem a chave da sua porta, e cabe a ele e àqueles a quem ele delega este ministério, os presbíteros, abrir essa porta. A absolvição de alguns pecados mais sérios ele reserva pessoalmente para si.

Nunca atingimos Deus diretamente, mas o atingimos na criação e nas suas criaturas, em seus filhos, na comunidade; por isso nos reconciliamos também através do representante da comunidade. A Igreja é o grande sacramento, o sinal da presença de Deus. A penitência é um sinal sacramental, sinal de reconciliação. Por este motivo, levar crianças, jovens e famílias à conversão é difícil, mas não podemos desanimar.

Precisamos arrancar a raiz do pecado para celebrarmos o perdão de Deus. Jesus não só perdoa, como faz uma recriação. Quando Ele perdoa também esquece. Ele cria coisas novas, e à sua Igreja Ele dá a missão de realizar a reintegração na comunidade. Ele deu aos apóstolos o poder de ligar e desligar. "Eu te darei as chaves do Reino dos Céus, e o que ligares na terra será ligado nos céus, e o que desligares na terra será desligado nos céus" (Mt 16,19).

Oração

Rezemos o ato de contrição procurando interiorizar o nosso pedido de perdão a Deus e ao próximo.

Observação

No final dos encontros é importante preparar e convidar o grupo para participar de uma celebração penitencial e uma celebração da renovação das promessas do batismo. Conforme a situação concreta do grupo, a presença de adultos e crianças a ser batizados, esta celebração pode ser incluída na celebração do batismo. Ideal seria realizar isso na noite da Páscoa.

3. Celebrações

As celebrações que apresentamos fazem parte do ritual do batismo de adultos e são marcas do caminho que percorremos. No primeiro encontro do Sacramento da Eucaristia explicamos, e é preciso sempre lembrar, que celebrar a Páscoa do Senhor é celebrar a nossa história, é contar a passagem de Deus na vida. O pai de família conta esta grande história e também a história de Deus na sua vida. Celebrar a Páscoa é transmitir a fé aos filhos e à próxima geração. A participação das crianças é fundamental na Festa da Páscoa do povo de Deus. Elas não entendem o que está acontecendo, mas os pais têm neste momento a grande responsabilidade de explicar e de transmitir a sua fé por meio da sua própria história de adultos. "Quando teu filho te perguntar por que esta noite é diferente e por que nos encontramos esta noite aqui" (Ex 12,26), você conta a sua história. Deus não está presente só na cabeça, mas na nossa história. Proclamamos a nossa libertação. É uma grande missão do pai de família transmitir a fé, sua história de salvação, de geração em geração.

As celebrações nos ajudarão a marcar o nosso crescimento como cristãos. Deus não é produto de filosofia ou teologia, mas o percebemos em nossa história de vida. Apresentamos cada celebração do seguinte modo:

1 PREPARAÇÃO

Cada celebração deve ser preparada alguns dias antes por uma equipe, que se reunirá com o padre ou com a pessoa que a presidirá, partilhando da Palavra e cuidando dos detalhes, para que essa celebração seja realizada sem maiores dificuldades. Esta equipe pode ser formada com pessoas que estão participando dos encontros (pastoral do batismo, círculos bíblicos...), ou ainda, com todo o grupo, o que seria o ideal, mas cada realidade avalia as suas possibilidades.

Esta proposta, de preparação coletiva, deve-se ao fato de que nós estamos dentro de um contexto onde aprendemos juntos, com ajuda mútua, a nos tornarmos adultos na fé, numa escola de fé, onde aprendemos a falar e expor aquilo que experimentamos e aprendemos nestes encontros e sobre o que nos motiva para continuar no caminho que iniciamos. Sugerimos que na preparação se observe alguns momentos:

1. Leitura dos textos que vão ser proclamadas na celebração e uma partilha.
2. Depois do aprofundamento das leituras propostas e aproveitando dos textos da atualização, deve-se preparar uma introdução para cada leitura tirando ideias do aprofundamento ou dos textos propostos. Também esses textos podem ajudar na homilia. Na introdução geral àquele

que coordena/preside a celebração, sugere-se realizar os comentários de acolhimento e os demais de modo espontâneo e adequando-os ao contexto do grupo e demais participantes, bem como ao objetivo da celebração. Nesse processo é válido destacar que as introduções, ao serem realizadas sem serem escritas, ganham força de interação com a assembleia.

3. Preparar o ambiente e os sinais conforme cada celebração.

4. Procurar cantos adequados para a celebração.

2 ROTEIRO DE CELEBRAÇÃO

Dentro do roteiro colocamos sugestões para os cantos, sabendo que é difícil dar sugestões. Mas cada grupo vai procurar cantos apropriados. Nas comunidades onde não é possível cantar os cantos resposta, sugerimos ler um salmo.

3.1

Celebração da entrega da Palavra de Deus

1 PREPARAÇÃO

Objetivo

Esta celebração deve marcar o caminho nos conscientizando que o mais importante na vida é ouvir a voz de Deus. Sua Palavra tem poder de mudar a nossa vida. Esta celebração é a primeira de uma série de celebrações. É realizada depois de uns meses de caminho quando o grupo já teve oportunidade de experimentar um pouco a força da Palavra de Deus na sua vida.

A Palavra de Deus é luz. Ela vem nos iluminar e situar na realidade da vida. Ela vem nos ajudar a aceitar esta realidade. Precisamos aprender que não somos donos do mundo, nem juízes de tudo e de todos. Não entendemos que o nosso próprio vizinho, com quem não combinamos, é uma bênção de Deus, é Palavra de Deus para nós, um acontecimento que Deus coloca ao nosso lado para mostrar quem eu sou por dentro. A nossa missão consiste em realizar o bem e evitar o mal.

Proclamação da Palavra de Deus

Dt 6,4-15; Is 55,1-13; At 13,13-39; Jo 1,1-18

Sugestões de partilha

Dt 6,2: "[...] e, assim, temas a Iahweh teu Deus e observes todos os seus estatutos e mandamentos que eu hoje te ordeno – tu, teu filho e teu neto –, todos os dias da tua vida, para que os teus dias se prolonguem".

Temer a Deus é ter uma obediência absoluta a tudo o que Ele ordena.

• Quais as fraquezas que me levam a desobedecer seus mandamentos?

- Quais os valores que desejo que se prolonguem na minha vida e de minha família?

Dt 6,4: "Ouve, ó Israel: Iahweh nosso Deus é o único Iahweh".

Ouvir significa acolher a Palavra de Deus e se deixar questionar. Se amo a Deus com toda a minha força, não sobra força para eu pecar, reclamar, ficar nervoso(a), preocupado(a)...

- Estou disposto a ouvir o que Deus tem a me dizer e permito que Ele me questione?

Dt 6,7: "[...] inculcarás aos teus filhos [...]".

- Mostro à minha família e amigos que minha fé me faz enxergar Deus nos acontecimentos da minha vida?

Is 55,1: "Ah! Todos que tendes sede, vinde à água [...]".

- Na verdade, eu tenho sede de quê?
- Qual é água que pode me saciar?

At 13,26: "[...] a vós foi enviada esta palavra de salvação".

A Palavra de Deus é luz. Ela vem nos iluminar e situar na realidade da vida. Através da catequese Deus me dá uma Palavra que me impulsiona a mudar de vida.

- Acolho esta palavra que Deus me enviou como sinal de salvação?

Jo 1,6-7: "Houve um homem enviado por Deus, seu nome era João. Este veio como testemunha, para dar testemunho da luz, a fim de que todos cressem por meio dele".

João Batista veio testemunhar e nos ajudar a descobrir a luz pela conversão. No meio da nossa vida há uma luz: Jesus Cristo.

- Acredito no testemunho dos profetas?
- Será que no futuro alguém (filho, irmão, sobrinho, amigo...) poderá dizer que fui enviado por Deus para testemunhar a luz?

Atualização

Precisamos saber que celebrar a Páscoa ou uma parte da liturgia do batismo é contar sua história à geração que vem vindo.

A obrigação dos pais, ao levantar-se e ao deitar-se, é inculcar na cabeça dos filhos que há um só Deus. Há pais que nunca têm tempo para uma conversa com seus filhos e há filhos que ficam dia e noite na frente da televisão e os pais acham que isto não influencia em nada a suas vidas. Estamos aqui para tomar consciência da vida que estamos levando e da maneira que estamos educando os nossos filhos. Dizemos que Deus é o principal em nossa vida. Isso é teoria ou verdade? Deus é muito importante... depois do balé, da chácara, do curso de inglês? Se você nunca colocou Deus na frente dos seus negócios, na frente dos seus divertimentos, quando vai experimentar a Palavra de Deus como fonte de água viva?

Os filhos percebem quando frequentamos a comunidade por convicção ou por outros motivos. Não enganamos os nossos filhos. Com toda certeza a palavra que você semear, mais cedo ou mais tarde, vai brotar. A Palavra de Deus se cumpriu em Jesus. Só quando recebemos esta Palavra podemos nos levantar, viver, passar por cima de toda morte e escravidão. Por Ele é justificado todo aquele que crê. A Palavra nos dá condições para viver uma vida diferente. Precisamos de pessoas que nos ajudem a encontrar a luz. João Batista veio testemunhar e ajudar a descobrir a luz através da conversão. No meio da nossa vida há uma luz: Jesus Cristo (Jo 1,9). É na verdade de nossa vida que encontramos Deus. Vinde e vede!

2 ROTEIRO DA CELEBRAÇÃO

- ◆ Introdução geral

    É importante colocar esta celebração dentro do contexto do batismo de adultos. É o início de um caminho.

- ◆ Canto de entrada: Sl 24(23): *Ó portas, levantai*

- ◆ Invocação do Espírito Santo

- ◆ Introdução e 1ª leitura: Dt 6,4-9

    Esta leitura fala sobre a importância da transmissão da fé dentro do ambiente familiar. Canto: *Ouve, ó Israel.*

- ◆ Introdução e 2ª leitura: Is 55,1-13

- ◆ Canto de resposta: Dt 6,4-9: *Ouve, ó Israel*

    A leitura fala da fé que brota dentro de uma terra aberta a Deus.

- Canto: Is 55: *Quem tem sede, venha à fonte...*

- Introdução e 3ª leitura: At 13,13-39

  Deus fala sempre dentro de uma história.

- Canto: *Ressuscitou*

- Introdução e Evangelho: Jo 1,1-18

  A Palavra, a história se fez realidade em Jesus Cristo.

- Homilia

- Rito da entrega da Bíblia

Com.: Neste momento iremos receber do padre a Bíblia, fonte de vida. Já caminhamos tempo suficiente para ter experimentado a força e a vida nova que a Palavra de Deus nos pode dar.

O padre entrega a Bíblia a cada participante e diz:

Pe.: Recebe o livro da Palavra de Deus. Que ela seja luz para a tua vida.

- Canto solene: Amém (Cante-se o "Amém" solene)

- Oração da comunidade

- Pai-nosso

- Bênção

- Canto: A Palavra de Deus é a verdade

3.2

CELEBRAÇÃO DA INSCRIÇÃO DO NOME NO LIVRO DA VIDA

1 PREPARAÇÃO

Objetivo

Esta celebração tem como objetivo nos conscientizar a assumir e participar, com toda responsabilidade, da vida da comunidade.

Todos os nossos atos estão escritos na palma da mão de Deus. Qual seria minha reação se meu livro fosse aberto aqui e agora? Quantas coisas escondemos debaixo do tapete! Eu sou uma pessoa transparente? Diante de Deus o nosso livro é aberto. Precisamos nos deixar envolver pela Palavra de Deus.

Proclamação da Palavra de Deus

Ex 32,30-35; Dn 7,9-10; Ap 3,1-6; Lc 10,17-20

Sugestões de partilha

Ex 32,31: "Este povo cometeu um grave pecado ao fabricar um deus de ouro".

O deus de ouro (idolatria) significa inversão de valores; colocar no lugar de Deus algo que não é Deus.

- Tenho consciência de que cada vez que sou escravo de outros deuses (dinheiro, sucesso, prazer sem medida...) estou me afastando de Deus?
- Reconheço que sem humildade não é possível vencer a idolatria e reconhecer a grandeza de Deus?

Ex 32,33: "[...] Riscarei do meu livro todo aquele que pecou contra mim".

Nosso nome foi inscrito no livro da vida no dia do nosso batismo. O batismo é o selo da vida nova.

- Tenho assumido o meu batismo através de conversão diária (vida nova), de modo que meu nome não seja eliminado do livro da vida?

Dn 7,10: "[...] O tribunal tomou assento e os livros foram abertos".

Todos os nossos atos bons e maus estão escritos na mão de Deus.

- Qual seria a minha reação se meu livro fosse aberto aqui e agora?

Ap 3,1: "[...] Conheço tua conduta: tens fama de estar vivo, mas estás morto".

A Palavra de Deus nos dá vida. Quem não a observa não tem vida, está morto.

- Tenho consciência de que a fonte da vida não está em mim, mas em Deus? Reconheço que longe de Jesus Cristo não tenho vida?

Ap 3,5: "O vencedor se trajará com vestes brancas e eu jamais apagarei seu nome do livro da vida [...]".

As pessoas que forem perseverantes e fiéis a Deus alcançarão a vida eterna.

- Diante das tribulações, dos prazeres do mundo, o que estou fazendo para manter a veste branca?

Lc 10,17: "[...] Senhor, até os demônios se nos submetem em teu nome!"

Unidos a Jesus temos discernimento do bem e do mal e força para superar qualquer tipo de dificuldade e obstáculo que o mundo nos oferece.

- Experimento a força de Jesus na minha vida?
- Qual a dificuldade que venci em nome de Jesus?

Lc 10,20: "Contudo, não vos alegreis porque os espíritos se vos submetem; alegrai-vos, antes, porque vossos nomes estão inscritos nos céus".

A alegria maior está em participar da própria vida de Deus.

- Estou colaborando com Deus diante da missão que Ele me confiou? Isto tem sido motivo de alegria para mim?

Atualização

"Iahweh nosso Deus é o único Iahweh. Portanto, amarás a Iahweh teu Deus com todo o teu coração, com toda a tua alma e com toda a tua força" (Dt 6,5). Qualquer outra coisa ou pessoa pode dividir o nosso coração. Assim perdemos a firmeza e equilíbrio de um coração íntegro. Ficamos no balanço o tempo todo, e não damos passo nenhum em nossa vida.

Deus é o único Senhor e, por isso, não posso continuar sendo escravo do dinheiro, do poder ou de outros deuses e arriscar que o meu nome seja eliminado do livro da vida. Se Deus me deu uma missão como pai ou mãe, como catequista ou outra missão, é porque Ele está à minha frente. Ele é a fonte da minha vida. Meu nome foi inscrito no livro da vida no dia do meu batismo.

Pensando estar vivos, estamos mortos. É pelas boas obras que testemunhamos que temos vida ou não. É importante não nos enganarmos e descobrirmos o que está morto e o que está vivo em nós. No momento em que eu vencer o pecado, estou pronto para participar do reino, e então trajarei a veste branca. Como está a minha veste branca hoje? Diante de Deus e diante dos anjos vai ser proclamado meu nome.

Se eu estiver em sintonia com Deus, não me deixarei abater pelas dificuldades. Não podemos permitir que as nossas vaidades e o orgulho falem mais alto. A nossa alegria não deve vir das nossas obras, dos sinais que realizamos, mas da certeza que pertencemos a Deus.

Participar desta celebração significa assumir o compromisso de pertença a essa comunidade, de forma concreta participando das celebrações dominicais e favorecendo aos filhos esta participação. Por isso só aqueles que assumem esse compromisso deverão colocar o nome de seus filhos na preparação da primeira Eucaristia. Isso ajuda também na conscientização de pertença a uma comunidade de forma concreta.

2 ROTEIRO DA CELEBRAÇÃO

- Canto de entrada (Sugestão: Frei Fabreti. *Eis-me aqui, Senhor*)
- Introdução: Inserir a celebração dentro do contexto do batismo de adultos
- Invocação do Espírito Santo (*A nós descei, divina luz*).
- Introdução e primeira leitura (Ex 32,30-35)
- Canto (Ez 36)
- Introdução e segunda leitura (Dn 7,9-10)
- Canto Sl 87(86)

- Introdução e terceira leitura (Ap 3,1-6)

- Canto (Ap 3,1-6)

- Introdução e Evangelho (Lc 10,17-20)

- Homilia

- <u>Rito</u>

Pe.: (N.)... NO DIA DO SEU BATISMO, SEU NOME FOI INSCRITO NO LIVRO DE BATISMO DA PARÓQUIA... VOCÊ QUER CONFIRMAR ESTE PASSO AGORA PESSOALMENTE?

Resp.: EU... QUERO PARTICIPAR DA COMUNIDADE DE...

O coordenador anota o nome num caderno ou folha. Nos próximos encontros ou celebrações a comunidade pode rezar pelos ausentes.

Oração: Pai amado e todo-poderoso, Vós quereis restaurar todas as coisas no Cristo e atraís toda a humanidade para Ele. Guiai estes filhos e filhas da vossa Igreja e concedei que, fiéis à sua vocação, possam integrar-se no reino de vosso Filho e ser assinalados com o dom do Espírito Santo. Por Cristo, Nosso Senhor.

- Canto: Amém

- Oração da comunidade: Espontânea

- Oração do Senhor: Pai-nosso

- Bênção final

- Canto (Jo 1,35-39)

3.3

CELEBRAÇÃO DO DIÁLOGO SOBRE A FÉ E A VIDA ETERNA

1 PREPARAÇÃO

Objetivo

Antes de falar sobre a vida eterna, deve-se falar sobre o fim do mundo, ou melhor, sobre a finalidade do mundo. Hoje nós estamos esperando o quê? Uma vida de felicidade que nunca acaba? O que nos dá a fé? A resposta da Igreja nos diz: a vida eterna. Quando perguntamos aos velhos do asilo o que eles esperam, respondem: "a morte". A última finalidade da nossa vida se torna transparente com o tempo. Nós temos pouca visão, mas Deus a tem total. Deus não tem costas, lado, frente. Ele vê tudo. Precisamos tomar consciência daquilo que queremos. Hoje estamos procurando o quê?

Há muita confusão quando se trata da fé e a Igreja. Muitos confundem fé com força de vontade. Força de vontade é uma qualidade psicológica que podemos desenvolver. A fé recebemos da Igreja através da pregação. Ninguém a inventa ou a desenvolve com sua própria força. Ela não cresce e não diminui. Ela está definida no nosso símbolo da fé. Ela vem dos apóstolos através de uma Igreja que é apostólica. A Igreja é mãe, ela nos dá a fé.

No rito do batismo, o ministro pergunta o que nós procuramos. E respondemos: "a fé". Isso significa que não a temos ainda. Porque quem a tem não precisa pedir nada. Nem precisa mais participar da celebração, porque já tem fé. Não existe pouca fé, é tudo ou nada, como um grão de mostarda, ou como uma mulher grávida. Não existe um pouco de gravidez. Não existe vida eterna pela metade.

E só Cristo tem palavras de vida eterna. Só Ele é o caminho, a verdade e a vida.

Esta celebração tem como objetivo levar o participante a saborear, na prática da vida, que ele é realmente filho de Deus, e a se conscientizar que seguir a Palavra de Deus lhe dá uma felicidade que nunca antes experimentou.

Proclamação da Palavra

Dt 8,1-6; Jr 31,29-34; Rm 8,28-38; Mc 12,28-34

Sugestões de partilha

Dt 8,4: "As vestes que usavas não se envelheceram, nem teu pé inchou durante esses quarenta anos".

Quando vivemos a Palavra de Deus, apesar das dificuldades, conseguimos nos manter de pé.

- Reconheço que o fato de estar aqui, hoje, é prova de que Deus tem agido na minha vida?

Jr 31,33: "[...] Porei minha lei no fundo de seu ser e a escreverei em seu coração".

Deus quer nos dar a vida e cada Palavra que recebemos é a porção de que hoje necessitamos para nos alimentar.

- Tenho acolhido a Palavra de Deus no meu coração?

Rm 8,28: "E nós sabemos que Deus coopera em tudo para o bem daqueles que o amam, daqueles que são chamados segundo o seu desígnio".

Deus oferece a salvação a todos. Cabe a cada um de nós decidir-se pela salvação.

- Já aceitei o chamado de Deus na minha vida?

Rm 8,31: "[...] Se Deus está conosco, quem estará contra nós?"

Não devemos nos desanimar porque Deus está sempre conosco.

- Diante dos desafios da vida, como está a minha fé e esperança?

Rm 8,35: "Quem nos separará do amor de Cristo? [...]".

Nem mesmo a morte ou qualquer criatura do céu ou da terra poderá separar o cristão do amor de Cristo.

- O que me impede de viver o amor de Cristo?

Mc 12,28: "[...] Qual é o primeiro de todos os mandamentos?"

Jesus nos ordena a amar a Deus como único Senhor da nossa vida.

- Falar que amo a Deus é fácil, mas será que, realmente, Ele é o principal na minha vida?

Mc 12,34: "[...] Tu não estás longe do Reino de Deus".

Não basta termos conhecimento da Palavra de Deus. É preciso colocá-la em prática para vivermos o Reino de Deus.

- Diante de minha caminhada, como eu me situo: estou perto ou longe do Reino de Deus?

Atualização

A morte, depois de uma vida de esperança, é uma passagem feliz. Hoje o homem tem medo da morte por causa do pecado (Hb 2,14). Todos nós estamos querendo vida e felicidade, mas, quando a procuramos em nós mesmos, encontramos só frustração. Porque a fonte da vida não está em nós, mas em Deus. A morte pelo pecado vai tomando conta das nossas vidas.

Deus fez um juramento de "dar terra ao povo". "Vós sereis um povo consagrado se observardes a minha palavra". Deus quer nos dar a vida. Procurando encontrá-la, pensamos que sabemos o que é a morte. Por exemplo, os pais querem que o filho seja uma projeção sua. Acham que isto é amor, mas isto é falta de respeito e, portanto, de amor.

Somos um povo sem memória e a vida é a melhor mestra. As dificuldades, os sofrimentos têm uma função importante, pois é através deles que vamos nos conhecendo. Deus permite que continuemos ainda pecadores, para ficarmos no nosso lugar e julgarmos menos.

Deus nos humilhou e nos fez sentir fome para nos ensinar que dependemos dele. "As vestes que usavas não se envelheceram, nem teu pé inchou durante esses quarenta anos" (Dt 8,4). O deserto é um momento forte de experiência de Deus, mas nos esquecemos disso. "Lembra-te, porém, de todo o caminho que Iahweh teu Deus te fez percorrer durante quarenta anos no deserto a fim de humilhar-te, tentar-te e conhecer o que tinhas no coração; irias observar seus mandamentos ou não?" (Dt 8,2). O homem precisa aprender a viver de toda palavra que sai da boca de Deus. Onde está o nosso tesouro, ali está o nosso coração. É difícil olhar para a vida, olhar para trás e ver os contratempos e murmurações. Se você está sofrendo, Deus está lembrando de você, está educando-o. De uma maneira ou de outra, nós estamos precisando disso.

O profeta vê a presença de Deus até na desgraça que é necessária para cairmos na realidade. O profeta vê como Deus muda a religião do povo. "Eu porei no teu íntimo a minha palavra", principalmente na doença e na desgraça. O profeta nos obriga a enxergar a vida nova que está nascendo. É na miséria que adquirimos uma visão mais humana. Pode ser que sejamos o maior pecador, mas para Deus não existe o maior pecador. Sua misericórdia é maior.

2 ROTEIRO DA CELEBRAÇÃO

* Introdução geral
* Canto de entrada (Sl 86: *Sião, mãe do povo...* Reginaldo Veloso)
* Invocação ao Espírito Santo
* Introdução e 1ª leitura (Dt 8,1-6)
* Canto: O povo de Deus
* Introdução e 2ª leitura (Jr 31,29-34)
* Canto de Ezequiel 36
* Introdução e 3ª leitura (Rm 8,28-38)
* Canto (Rm 8)
* Introdução e Evangelho (Mc 12,28-34)

* Rito (Diálogo)

Pe.: O que pedis à Igreja Santa de Deus?

Resp.: A fé.

Pe.: O que vos dá a fé?

Resp.: A vida eterna.

Pe.: A vida eterna consiste em conhecermos o verdadeiro Deus e Jesus Cristo, que Ele enviou. Ressuscitando dos mortos, Jesus foi constituído, por Deus, Senhor da vida e de todas as coisas, visíveis e invisíveis. Se vocês querem ser discípulos seus e membros da Igreja, é preciso que vocês sejam instruídos em toda a verdade revelada por Ele; que aprendam a ter os mesmos sentimentos de Jesus Cristo e procurem viver segundo os preceitos do Evangelho; e, portanto, que vocês amem o Senhor Deus e o próximo como Cristo nos mandou fazer, dando-nos o exemplo.

Cada um de vocês está de acordo com tudo isso?

Resp.: Sim.

Pe.: Pai de bondade, nós vos agradecemos por estes vossos servos e servas que de muitos modos inspirastes e atraístes. Eles vos procuraram e responderam na presença desta santa assembleia ao chamado que hoje lhes dirigistes. Por Cristo Nosso Senhor.

- Canto Sl 135
- Oração espontânea
- Pai-nosso
- Bênção

3.4

CELEBRAÇÃO DA CRUZ

1 PREPARAÇÃO

Objetivo

Neste momento celebramos a realidade da cruz plantada no meio da nossa vida. Ela está no centro também da nossa fé. É um dos primeiros sinais que o sacerdote faz no batismo e pergunta aos pais se eles aceitam que seu filho seja marcado com o sinal da cruz.

Ela é o símbolo de qualquer doença ou sofrimento humano que aparece na vida, mas também instrumento de tortura, consequência da maldade humana que continua matando tantas pessoas de uma maneira injusta e horrorosa. A cruz é um dos grandes motivos para negar Deus. Se Deus é tão bom, por que tantas crianças e inocentes passam por coisas tão sofridas? Quando o sofrimento, a doença, um acidente, a morte aparecem, surge a pergunta: Será que Deus me ama?

Não podemos deixar esta pergunta de lado. Depois da separação do amor de Deus, colocamos o sentido da vida na família, na casa, nas pessoas, no dinheiro, casamento, sexo. No entanto, o único que pode nos dar a vida é Deus. E não a aceitamos mais como ela é.

O sofrimento faz parte da vida. Esta celebração tem como objetivo ajudar os participantes dos grupos que não podem duvidar do amor de Deus por causa do sofrimento. Neste momento precisam se lembrar de Jesus que assumiu bem consciente a sua cruz. A cruz é o sofrimento que Deus permite em nossa vida para nos salvar.

Proclamação da Palavra de Deus

Gn 45,3-8; Is 52,13-15; 53; 1Cor 1,17-25; Jo 12,20-36

Sugestões de partilha

Gn 45,4: "Então disse José a seus irmãos: 'Aproximai-vos de mim! [...]'".

A abertura que José deu a seus irmãos mostra que a ação de Deus está sempre voltada para a vida, mesmo que os homens queiram desviá-la para produzir escravidão e morte.

• Diante da minha cruz, qual tem sido a minha aceitação?

Gn 45,7: "Deus me enviou adiante de vós para assegurar a permanência de vossa raça na terra e salvar vossas vidas para a grande libertação".

José reconheceu que o seu sofrimento não foi em vão. Sem o peso da sua cruz jamais teria conseguido salvar a sua família da fome e da morte.

• Reconheço que a aceitação do meu sofrimento está salvando meu casamento, minha família?

Is 53,3-4: "Era desprezado e abandonado [...] e, no entanto, eram as nossas enfermidades que Ele levava sobre si, as nossas dores que Ele carregava [...]".

Jesus vive plenamente esta palavra, para nossa salvação. Através da dor e do sofrimento, vamos amadurecendo-nos e santificando-nos, assumindo a nossa cruz de cada dia.

• Estou assumindo a minha cruz de cada dia ou a rejeito?

Is 53,6: "Todos nós, como ovelhas, andávamos errantes.., mas Iahweh fez cair sobre Ele a iniquidade de todos nós".

Jesus assumiu os nossos pecados.

• Na falta de entendimento da minha dor, aprendi a abraçar a cruz?
• Sou a boca dos fracos e oprimidos?

Is 53,7: "Foi maltratado, mas livremente humilhou-se e não abriu a boca, como cordeiro conduzido ao matadouro [...]".

Jesus nos ensina a não reclamar, mas carregar nossa cruz com dignidade, pois a verdade não precisa de defesa, é forte por si mesma.

• Na provação você tem a mesma conduta de Jesus ou se revolta?

1Cor 1,18: "Com efeito, a linguagem da cruz é loucura para aqueles que se perdem, mas para aqueles que se salvam, para nós, é poder de Deus [...]".

Precisamos enxergar a cruz não com os olhos do mundo, mas com os olhos de Deus.

- Acredito no mistério da cruz que salva e estou disposto a carregá-la?

Jo 12,24: "Em verdade, em verdade, vos digo: Se o grão de trigo que cai na terra não morrer, permanecerá só, mas se morrer produzirá muito fruto".

O fato de a semente desaparecer na terra não significa destruição, e sim o início de uma vida nova. Assim acontece conosco quando morremos para nós mesmos e nos doamos aos outros.

- Já passei por uma situação em que me senti como o grão de trigo caído na terra?

Jo 12,25: "Quem ama a sua vida a perde [...]".

Quem quiser servir deverá seguir o exemplo de Jesus numa entrega total de vida, tendo do Pai a recompensa.

- Estou disposto a entregar a minha vida por amor a minha missão ou tenho medo das consequências que a fé exige?

Jo 12,36: "Enquanto tendes luz, credes na luz, para vos tornardes filhos da luz [...]".

Hoje é tempo de opção pelo verdadeiro caminho, luz-vida.

- Para mim, o que é optar pela luz?
- Acredito e vejo que a luz de Cristo ilumina a minha cruz, tornando-a sinal de vitória?

Atualização

A cruz para os cristãos é um sinal de aceitação da missão e fidelidade à vontade de Deus. Essa fidelidade implica muitas vezes em sofrimento, pois significa amar sempre e até as últimas consequências. Se você não acredita nisso e não está disposto a ensinar este caminho ao seu filho, não pode participar desta celebração porque ela não tem sentido. O batizado é alguém que está marcado pela cruz. Não podemos marcar com este sinal alguém que não esteja disposto a carregar a cruz.

Jesus foi o único que diante da cruz não recuou. Ele é o vencedor dela. Esperança contra toda esperança! (Rm 4,18). Salve, ó Cruz, esperança única! Quantos encontraram o sentido profundo da vida exatamente no momento da cruz, na doença ou até da morte de uma pessoa querida e deram um passo para frente. Não existe discípulo de Jesus sem cruz. O caminho de Jesus passa pelo calvário que Ele não subiu como um coitadinho, mas sim consciente e livre. Jesus não foi preso de surpresa, porque não tinha como fugir. "Ninguém me tira a vida, eu a dou livremente" (Jo 10,18). Daí uma serena majestade e completa liberdade diante da morte. Jesus não procurou a cruz. Disse tudo o que tinha a dizer, até onde Ele podia, mas depois não abriu mais a boca e foi levado como cordeiro ao matadouro (Is 53,7). Em certas situações da vida não adianta nem falar. A verdade não precisa de defesa, ela é forte por si mesma. Jesus, diante de Herodes, não gastou nenhuma palavra.

Precisamos que alguém nos ensine a ver a cruz, não com os olhos do mundo, mas com os olhos de Deus. O mistério da cruz salva. "Se o grão de trigo que cai na terra não morrer, permanecerá só, mas, se morrer, produzirá muito fruto" (Jo 12,24). A cruz é a força de Deus. A cruz de Jesus Cristo é a árvore da vida que dá fruto.

Na Sexta-feira Santa uma grande multidão acompanha a procissão de Jesus morto. Isso não tem sentido quando acompanhamos a procissão para chorar a morte de Jesus, porque Ele não está morto. Ele ressuscitou! Podemos e devemos sim chorar os nossos pecados. É o momento para cantar a vitória do amor sobre a cruz. Quando olhamos para ela reconhecemos nossa história, como instrumento que Deus usa para nos salvar.

A sabedoria da cruz não é a sabedoria do mundo. Para salvar o mundo, o nosso sofrimento, a nossa cruz deve ser iluminada. A nossa família, as injustiças que sofremos, o alcoolismo, filhos viciados, toda cruz deve ser iluminada. O dia em que descobrirmos que o amor de Deus é a luz que ilumina a cruz, ela se tornará gloriosa. Podemos experimentar em nossa carne o que significam as palavras de São Paulo: "Os judeus pedem sinais, os gregos sabedoria, nós pregamos Cristo crucificado" (1Cor 1,23). Deus não salvou o mundo pela sabedoria dos doutores. A fraqueza de Deus é mais forte que a força dos homens. Morrendo, destruiu a morte e, ressuscitando, restaurou nossa vida.

A história do povo brasileiro mostra uma forte esperança que, ao identificar-se nos seus sofrimentos com o bom Jesus crucificado, encontra nele a força para enfrentar a luta cotidiana e crer na promessa de vida eterna. O demônio nos faz revoltar contra os acontecimentos da vida. A serpente está nos enganando sempre. Depois que o povo de Deus pecou no deserto e morria mordido pela serpente, foi convidado a olhar para a serpente na haste (Nm 21,9). Todos que olhavam para ela, não como um instrumento mágico, mas como aqueles que sabem que não é possível caminhar no deserto sem Deus, ficaram curados. É a história de todos que entram no pecado e descobrem que a consequência é a morte. É o nosso pecado que levou Jesus à cruz. Estão penduradas na cruz as nossas injustiças, mentiras, traições, autossuficiência, luxúria etc. O amor de Jesus Cristo foi mais forte que o nosso pecado. A serpente é esperta, mas não percebeu que Jesus Cristo, através da cruz, venceu o mal.

E ao pé desta cruz estava Maria, em pé, não caída como uma desesperada. A esperança do mundo inteiro neste momento estava contida numa única pessoa: Maria, a mãe de Jesus. Ela estava gerando a Igreja neste momento.

Muitas vezes pensamos que sofremos porque Jesus também sofreu. Não é assim, mas é o contrário. Não precisamos mais sofrer. Jesus sofreu em nosso lugar.

Quando Deus pediu a Abraão o sacrifício de seu filho, este lhe perguntou: "Onde está o sacrifício?" Abraão respondeu: "Deus proverá". É o cordeiro como vítima tirando o pecado do mundo. Cristo é o único que tem a imortalidade, porque não deu ouvido ao demônio.

Olhemos agora para Aquele em quem o nosso pecado morreu. Reconheçamos o nosso pecado. Olhemos para quem do alto da cruz procura com um amor, mais forte que a morte, a cada um de nós. Fora do caminho da cruz não existe vida.

"Vitória! Tu reinarás! Ó Cruz! Tu nos salvarás!"

2 ROTEIRO DA CELEBRAÇÃO

- ◆ Canto: Sl 67(66); Gl 6,14
- ◆ Introdução geral
- ◆ Invocação ao Espírito Santo
- ◆ Introdução e 1ª leitura: Gn 45,3-8
- ◆ Canto: Sl 40(39)
- ◆ Introdução e 2ª leitura: Is 52,13-15; 53
- ◆ Canto: Is 53
- ◆ Introdução e 3ª leitura: 1Cor 1,17-25
- ◆ Canto: Rm 8,32-39
- ◆ Introdução e Evangelho: Jo 12,20-36

◆ Rito

Cada um escreve num papel o que hoje, na sua vida, é uma cruz. Depois sobe para o altar, onde coloca o papel numa caixa.

A pessoa se coloca diante do celebrante. Este traça na testa o sinal da cruz. Ele diz:

Cel.: Recebe na fronte o sinal da cruz: o próprio Cristo te proteja com o sinal de sua vitória. Aprende a conhecê-lo e segui-lo.

- ◆ Canto: *Vitória*
- ◆ Oração espontânea
- ◆ Pai-nosso
- ◆ Bênção
- ◆ Canto: *Bendita e louvada seja*

3.5

CELEBRAÇÃO DA LUZ

1 PREPARAÇÃO

Objetivo

Esta celebração faz o participante refletir como a Palavra de Deus ilumina a sua vida. Muitas coisas que não entenderam antes, hoje enxergam de maneira diferente e mais clara.

A liturgia desta noite é a mesma do início da noite da Páscoa. Na escuridão da noite, de todas as noites da nossa vida e situações que nos perturbam, aparece a luz de Cristo ressuscitado. Ele é a luz do mundo. Ele vem iluminar todas as trevas e perguntas sobre o sentido da vida e da morte. Durante todo este ano vocês experimentaram um pouco a luz que a Palavra de Cristo lhes pode trazer. Hoje esta luz está presente no meio de nós através do símbolo do círio pascal. Ele abre para nós a escuridão da noite, quando na entrada a luz faz desaparecer as trevas. Ele é o Senhor que vai a nossa frente. Ele ficou na frente do seu povo durante toda a passagem no deserto, de dia numa coluna de nuvem, de noite numa coluna de fogo (Ex 13,21). Ele foi o guia durante os 40 anos no deserto. Foi uma experiência de Deus muito forte para o seu povo que nunca mais se esqueceu desta presença luminosa na sua história.

Mais tarde, na escuridão e na confusão do exílio, é esta luz que aparece ao povo que andava nas trevas, enganado por seus líderes, perdido na corrupção dos poderosos.

Jesus se apresenta no Evangelho como a luz do mundo. O caminho que fazemos na catequese é o caminho pelo deserto da vida. Os encontros de catequese iluminam todas as situações da nossa vida. Foi o Senhor que nos fez sair das nossas casas, e quer um povo livre de qualquer escravidão. É o amor de Deus que nos sustenta e nos acompanha.

Proclamação da Palavra de Deus

Ex 13,17-22; Is 9,1-3; 1Jo 1,1-7; Jo 8,12.31b-32

Sugestões de partilha

Ex 13,17: "[...] Deus não o fez ir pelo caminho no país dos filisteus, apesar de ser o mais perto [...]".

Muitas vezes ficamos impacientes diante da demora dos acontecimentos. Mas Deus conhece o caminho por onde devemos passar.

- Alguma vez Deus já me conduziu por um caminho mais longo, mais demorado? O que pude sentir? Já pensei em voltar?

Ex 13,21: "E Iahweh ia adiante deles, de dia numa coluna de nuvem, para lhes mostrar o caminho, e de noite numa coluna de fogo para os alumiar, a fim de que pudessem caminhar de dia e de noite".

Deus esteve presente na caminhada do povo de Israel e, hoje, também vai a nossa frente, nos conduzindo para que não paremos no meio do caminho.

- Sinto que sou uma pessoa parada (acomodada) ou tenho me deixado conduzir pela presença luminosa de Deus?

Is 9,1: "O povo que andava nas trevas viu uma grande luz [...]".

Hoje Jesus é esta luz que ilumina as noites escuras de nossa vida.

- Consigo enxergar esta luz?

1Jo 1,6: "Se dissermos que estamos em comunhão com Ele e andamos nas trevas, mentimos e não praticamos a verdade".

Nossa escolha por Jesus não pode ser pela metade; somos a favor da vida ou não.

- Esta caminhada de fé, na Palavra de Deus, tem me ajudado a viver em comunhão com Jesus?

1Jo 1,7: "Mas se caminhamos na luz como Ele está na luz, estamos em comunhão uns com os outros [...]".

Unidos a Jesus, que é luz, vivemos o amor fraterno.

- Estou em comunhão com a minha comunidade/bairro?

- Cumprimento e sou acessível aos meus vizinhos? Com que intensidade tenho amado meus irmãos?
- Participo da vida política da cidade?

Jo 8,12: "Eu sou a luz do mundo [...]".

Jesus é a luz do mundo, que vem iluminar todas as trevas e nos dar respostas sobre o sentido da vida e da morte.

- Sou como cristão uma expressão do amor de Deus no todo que me circunda? Nos princípios da cidadania, na educação, na ecologia?

Jo 8,31b-32: "Se permanecerdes na minha Palavra, sereis verdadeiramente meus discípulos e conhecereis a verdade, e a verdade vos libertará".

A verdade é a expressão da vontade de Deus. Jesus é a verdade que nos conduz ao Pai.

- Quais as situações em que a verdade já me libertou?
- A verdade de Jesus Cristo me incomoda?

2 ROTEIRO DA CELEBRAÇÃO

- ◆ Introdução geral
- ◆ Canto:

Cel.: Eis a Luz de Cristo.

Todos: Demos graças a Deus.

- ◆ Introdução do celebrante
- ◆ Invocação do Espírito Santo: *A nós descei, Divina Luz*
- ◆ Introdução e 1ª leitura: Ex 13,17-22
- ◆ Canto: *Salve, Luz Eterna*
- ◆ Introdução e 2ª leitura: Is 9,1-3
- ◆ Canto: Is 9,1-5
- ◆ Introdução e 3ª leitura: 1Jo 1,1-7
- ◆ Canto: Sl 26
- ◆ Introdução e Evangelho: Jo 8,12.32-33
- ◆ Homilia

◆ Rito

Pe.: As velas acesas que serão colocadas em vossas mãos são o símbolo da fé em Jesus Cristo. É com a luz da fé que ireis iluminar os caminhos da vida, afastando as trevas de todo mal.

O padre entrega a vela para que a pessoa acenda o círio pascal, dizendo:

Recebei a Luz de Cristo!

◆ Canto: *Vem, Espírito Santo, vem, vem iluminar!*

◆ Orações espontâneas

◆ Pai-nosso

◆ Bênção

◆ Canto final: Jo 1,1-18

Conclusão

Seria muito significativo terminar o passo que foi dado com estes encontros com a celebração da vigília pascal onde os participantes possam dar testemunho público do poder da Palavra de Deus na sua vida.

O caminho do cristão não termina nunca. Catequese deve ser permanente ou não é catequese, dizem os bispos na conclusão do documento "Catequese renovada".

Por este motivo queremos terminar com palavras da conclusão dos bispos nas Diretrizes gerais: "Iluminada pela Palavra e dinamizada pela caridade de Cristo, interpelado pelo testemunho de tantos santos e santas, que responderam como discípulos missionários em seu tempo e contexto, a Igreja no Brasil deseja [...] ser expressão da encarnação do Reino de Deus no hoje de nossa história"[40].

"O passo que os membros da comunidade procuram dar em seguida é o mais difícil e o que desperta maiores preocupações. É o momento em que assumem maiores tarefas sindicais, políticas, empresariais, 'diluindo-se' no meio dos homens, como o sal na água [...]"[41]. No entanto, não adianta nada exigir alguma coisa das pessoas antes de evangelizar ou investir nelas. O fermento na massa, se for fermento de verdade, funciona por si mesmo.

Que a mãe de Deus e nossa, Senhora Aparecida, nos acompanhe com sua intercessão e exemplo, para que façamos tudo aquilo que seu Filho nos disser[42].

Pe. Paulo Haenraets

---

40. CNBB. *Diretrizes gerais da ação evangelizadora da Igreja no Brasil 2011-2015*. São Paulo: Paulinas, 2011, n. 141 [Doc. n. 94].

41. CNBB. *Catequese renovada*: orientações e conteúdo. São Paulo: Paulinas, 1983, n. 300 [Doc. n. 26].

42. Ibid., n. 141.

Referências

BENTO XVI. *Exortação apostólica pós-sinodal Verbum Domini*. São Paulo: Paulinas [Doc. n. 194].

BUSCH, J.M. *Iniciação cristã de adultos hoje*. São Paulo: Paulinas, 1992.

CALIMAN, C.; LUTZ, G. & MENDES DE OLIVEIRA, R. *Batismo*: inserção em Cristo e na Igreja. São Paulo: Salesiana, 1982 [Coleção Pastoral Catequética].

Catecismo da Igreja Católica. Petrópolis: Vozes, 1993.

CELAM. *A caminho de um novo paradigma para a catequese* – III Semana Latino-americana de catequese. Brasília: CNB, 2008.

_____. *Documento de Aparecida*. São Paulo: Paulinas, 2007.

CNBB. *Diretrizes gerais da ação evangelizadora da Igreja no Brasil, 2011-2015*. São Paulo: Paulinas, 2011 [Doc. n. 94].

_____. *Ministério do catequista*. São Paulo: Paulus, 2007 [Estudos da CNBB, n. 95].

_____. *Diretório Nacional de Catequese*. São Paulo: Paulinas, 2006 [Doc. n. 84].

_____. *O itinerário da fé na "iniciação cristã de adultos"*. São Paulo: Paulus, 2001 [Estudos da CNBB, n. 82].

_____. *Com adultos, catequese adulta*. São Paulo: Paulus, 2001 [Estudos da CNBB, n. 80].

_____. *Animação da vida litúrgica no Brasil*. São Paulo: Paulinas, 1990 [Doc. n. 43].

_____. *Catequese renovada*: orientações e conteúdo. São Paulo: Paulinas, 1983 [Doc. n. 26].

FLORISTÁN, C. *Catecumenato* – História e pastoral da iniciação. Petrópolis: Vozes, 1995.

FRIDLIN, J. & ROSENBERG, R. *Hagadá de Pêssach*. São Paulo: Sefer, 1993.

GIBIN, M. "Liturgia, teologia e catequese: debate?" *Revista de Liturgia*, n. 82, 1987, p. 2-6.

JEREMIAS, J. *O Sermão da Montanha*. São Paulo: Paulinas, 1984.

LIMA JÚNIOR, J. *Evangelização, catequese e liturgia*. São Paulo: Paulinas, 1992.

LUTZ, G. "Catequese: iniciação à liturgia?" *Revista de liturgia*, n. 82, 1987, p. 7-12.

MESTERS, C. *Deus, onde estás?* Belo Horizonte: Vega, 1976.

NERY, I.J. *Catequese com adultos e catecumenato*: história e proposta. São Paulo: Paulus, 2001.

NERY, I.J.; ANTONIAZZI, A. & MENDES DE OLIVEIRA, R. *Catequese de adultos e catequese renovada*. São Paulo: Salesiana, 1986 [Coleção Pastoral Catequética].

ROCCHETTA, C. *Os sacramentos da fé*. São Paulo: Paulinas, 1991.

SANTO AGOSTINHO. *Confissões*. São Paulo: Paulinas, 1984.

SOTOMAYOR, E.A. & BINZ, A. *Catequese de adultos*: elementos de metodologia. São Paulo: Salesiana Dom Bosco, 1998.

OLIVEIRA, J.F. (PE. ZEZINHO). *Em nome dos pais e dos filhos* – Subsídios para uma catequese em família. São Paulo: Paulus, 1996.

Conecte-se conosco:

 facebook.com/editoravozes

 @editoravozes

 @editora_vozes

 youtube.com/editoravozes

 +55 24 2233-9033

www.vozes.com.br

Conheça nossas lojas:
www.livrariavozes.com.br

Belo Horizonte – Brasília – Campinas – Cuiabá – Curitiba
Fortaleza – Juiz de Fora – Petrópolis – Recife – São Paulo

  Vozes de Bolso

EDITORA VOZES LTDA.
Rua Frei Luís, 100 – Centro – Cep 25689-900 – Petrópolis, RJ
Tel.: (24) 2233-9000 – E-mail: vendas@vozes.com.br